成功企業に潜む ビジネスモデルのルール

見えないところに競争力の秘密がある

山田英夫
早稲田大学ビジネススクール教授

ダイヤモンド社

はじめに――見えにくいところに、ビジネスモデルのツボがある

企業のビジネスモデルを調べることは、楽しい作業である。特にそのビジネスモデルの儲かるツボを発見したときは、思わず「WOW」（日本語に適訳がない！）と叫び、他人に話したくなるものである。

本書でいえば、「消耗品モデル」で儲けていたはずのエプソンが、なぜそれを否定する大容量インクタンクプリンターを出したのか。セブン銀行のATMの紙幣補充のために、綜合警備保障（ALSOK）はなぜ月1回しか来ないのか（答えは、序章、2章へ）。

一方で、自社のビジネスモデルを構築することは、とても難しい。どんなに俊英を集め、英知を絞っても、儲かる構造にならなかったり、競合が模倣した瞬間に価格競争に陥ったりする。事実と正しい推論に基づく「論理性」、豊かな「創造性」、机上の空論に終わらない「実践性」のすべてが揃わないと儲かるビジネスモデルにはならないが、この3つが成り立つことはとてつもなく難しい。

その際に、他社のモデルを参考にしたいところだが、その本質は、外からながめただけでつかめるようなものではない。なぜならば「見えない」ところにこそ、儲かるビジネスモデ

ルのツボがあるからだ。

ビジネスモデルの構築において、外部から見えやすいマーケティングの部分については、参考になる書籍がたくさんある。しかし、外部からは見えにくい「コスト」と「競争」の構造にも焦点を当てなければ、儲けの源泉にはたどりつくことはできない。

筆者はこれまで、『異業種に学ぶビジネスモデル』（2014）で、ビジネスモデルのヒントは離れた異業種にあることを示し、『競争しない競争戦略』（2015）で、優れたビジネスモデルは他社と競争しない仕組みを持っていることを述べてきた。本書ではそれらを受けて、儲かる仕組みの源泉は、外部からは見えにくいところにあることを示そうと考えた。〝三部作〟といえば聞こえはよいが、ビジネスモデルの構築において、儲かる仕組みにだんだん近づいてきているが、同時にだんだん見えないところに入り込んできている。

こうした核心に迫るためには、経営者および事業責任者への直接の取材が欠かせなかった。彼らに取材できたおかげで、本書が執筆できたと言っても過言ではない。

どうやって注目のビジネスモデルを探しているか

ビジネスモデルの講演をしていると、「どのようにして、面白いビジネスモデルを探すのですか」という質問をたびたび受ける。残念ながら、検索エンジンや新聞・雑誌データベースに「ビジネスモデル」と入れても、狙ったものは出てこない。必ずしも、望むようなものに、ビジネスモデルというタグがふられていないからである。

面白いビジネスモデルを探す第一歩は、新聞、雑誌、テレビ、インターネットなどの公開情報にある。「知らない会社は、取材できない」のであり、知らなければ、深い調査もできない。本書で取り上げたケースのほとんどが、最初のきっかけは、誰の目の前も公平に通り過ぎている公開情報にあった。

公開情報は、ネット時代になって飛躍的に増えた。すべてをフォローすることは不可能である。筆者は、気になった新聞・雑誌に関しては、その箇所を切り置いて、2週間ほど手の届くところにためておく。そして2週間くらいたったころに、改めてその記事を見直し、〝匂った〟ものを調査することにしている。過去の経験から、2週間も寝かしておくと、情報は〝発酵〟するようで、この企業のモデルは面白そうだという匂い（シグナル）を発してくる。

そこで調査を始める。まずは公開情報からである。公開情報だけでも、ビジネスモデルの輪郭はかなり見えてくる（記事には、ビジネスモデルと書かれていない場合が多いが）。それとともに、なぜこのビジネスモデルが儲かっているのだろうか、という仮説をいくつか立てる（当然、外れることも多い）。

次に、情報のウラをとる。新聞・雑誌等に掲載された情報には、企業が書かせたもの、記者が書きたかったものも含まれており、必ずしも現実はその通りとは限らない。しかしウラをとるといっても、いきなり本丸の当該企業の経営者や事業責任者にはアクセスしない。簡単には会ってもらえないし、頑張っても広報止まりである。仮に会えたとしても、ただ「教えてください」といったオープンクエスチョン（自由に回答してもらう質問）の連続だと、相手にとって時間を割くメリットがなく、今後につながらない。

そこで先に行うのが、業界に精通した人への取材、競合企業への取材である。業界ウォッチャーは探せば必ずどこかにおり、最先端の動向を知っているため、情報詮索の「時間を買う」ことができる。また、自社のことについては口が堅くても、競合企業のことは比較的自由に話してくれる人が多い。こうして、公開情報と現実のギャップを埋めていく。

そして最後が、本丸の当該企業の経営者、事業責任者への取材である。大学に籍を置いている強みはあるが、間に2〜3人介せば、何とか希望する人にアプローチできる（もちろん断られることもある）（間に6人介せば、国内の誰とでもコンタクトできるという米国の実験結果[*1]もある）。

その際に、よい紹介者を持つことはとても重要である。よい紹介者を得れば、その方のネットワークを使って、会いたい経営者にもコンタクトできる（その意味で、変化の激しい今日、ビジネスパーソンに必要なのは、「ノウハウ：Know How」ではなく「ノウフー：Know Who」だと感じる）。取材依頼時に、こちらの目的、準備状況、仮説などを伝えておくことも重要であり、それによって、相手が会ってくれるかが左右される場合もある（裏目に出る場合もある）。

こうして取材が実現した場合、良き質問者であると同時に、良きリスナーであることが求められる。時には鋭い質問をすることによって、その業界・会社を相当勉強してきてくれたと評価され、胸襟を開いてくれることもある。「ここだけの話ですが……」が出てくれば、相手とのラポール（心の架け橋）が築けた可能性が高い。取材後は、記憶が定かなうちにできるだけ速くケースをまとめ、早いうちに広報担当者にチェックしてもらい、誤った事実を正してもらう（この間が空けば空くほど、広報担当者は、取材のことさえ忘れてしまう）。

舞台裏を明かせば、本書はこうして事例を集め、このようなプロセスで事例研究を進めてきたものである。

「他人に話したかったビジネスモデル」を、序章、2章で多数紹介していく。その事例を読んでいただくだけでも筆者の思いは半分かなえられるが、時間に余裕があれば、後半の分析も併せて読んで、ビジネスモデルの見えないところにこそ、儲けるツボがあることを知っていただければ、なお幸いである。

c o n t e n t s

成功企業に潜むビジネスモデルのルール

第3章　見えないところにあるビジネスモデルのツボ

第4章　ビジネスモデル構築と運用のポイント

序章

利益が出ないなら、ビジネスモデル自体を変えよう

1 ジレットモデルを自ら否定したエプソン

インドネシアでの苦戦

ひげ剃りのジレットが、柄は安く提供して替え刃で儲けたところから、本体の価格を抑えて継続的に購入してもらう消耗品で儲けるビジネスモデルを、通称「ジレットモデル」または「消耗品モデル」と呼ぶ。われわれが自宅で年賀状を印刷するときに痛感するように、インクジェットプリンターもジレットモデルの典型例といわれてきた。

しかし、そのインクジェットプリンターの世界に「逆ジレットモデル」が誕生した。それもアウトサイダーではなく、世界のプリンター3強の中の1社であるセイコーエプソン（以下エプソン）が始めたのである。

エプソンは早くから、東南アジアでインクジェットプリンターを販売していたが、インドネシアでは苦戦していた。それは、現地の改造業者が勝手に外付けタンクを作り、それにインクを注入して売っていたからである。一度プリンターを購入してしまえば、ユーザーがインクカートリッジを買いにくることはない。そのため、流通業者も儲からない状況になっていた。

インドネシアでは、企業が業務で多数印刷する場合も、日本の家庭用にあたるプリンターで印刷している例が少なくない。他社製プリンターも同じ被害にあっていたが、外付け業者の事業拡大を阻止することは難しいと思われた。

そこでエプソンが下したのは、「そのようなプリンターが人気があるなら、自らそれを作って発売しよう」という決定であった。改造業者のタンクやインクは、インク漏れがあったり、それが原因で本体を壊したりすることもあった。しかし、エプソンがそうした大容量のインクタンクを持つプリンターを純正で作れば、信頼性は高い。しかも同社は、1年間の保証を付けることにした。

「本体は安くして、消耗品で稼ぐ」という従来のビジネスモデルを変えることは、同社にとって勇気のいる決断であったが、「利益が出ないなら、ビジネスモデル自体を変えよう」ということで意思決定がなされた。

新興国から先進国市場へ

大容量インクタンク搭載プリンター（以下タンク型プリンター）を開発するにあたっては、以下のような技術課題があった。

第1に、長期間インクを劣化させないことであった。同製品には、約2年分のインクが同梱されており、インクを劣化させないために、蒸発を防ぎ、空気を混入させない素材を開発した。

第2に、タンク内のインクの水位によって圧力が変化するため、インクを供給する圧力を一定にする機構を開発した。

第3に、インクを補充する際にユーザーが手を汚すことがないように、チューブの外形も工夫した。

こうした技術課題は難題であったが、これらを克服し、2010年、エプソンはタンク型プリンターをインドネシアで発売した。本体価格は従来機の2～3倍したが、大量印刷するユーザーに歓迎され、徐々に外付け業者のシェアを奪っていった。

ビジネスモデルの切り替えは、1年間保証とエプソンブランドの信頼感が決め手となり、ユーザーに好感を持って受け入れられた。また、流通業者に対する説明も必要だったが、彼らも消耗品のリピート購買がもともとなかったため、高単価の本体を販売することを歓迎してくれた。

エプソンはタンク型プリンターの発売以降、従来のジレットモデルのプリンターの販売をインドネシアでは縮小したが、純正のインクカートリッジ比率が高い他のいくつかの新興国・地域では、両タイプを併売しているところもある。

その後、エプソンはタンク型プリンターの販売地域を拡大し、現在はほとんどの新興国で主力機として販売している。エプソンの戦略転換を静観していたブラザー工業、キヤノンも２０１５年に東南アジアで追随し、ヒューレット・パッカード（ＨＰ）も２０１６年に追随した。

このように新興国で成功した「逆ジレットモデル」であるが、先進国でもうまくいくのかを、エプソンでは２０１３年ころから検討し始めた。まずは2カ国を選んで、タンク型のテストマーケティングを行った。調査のポイントは、①タンク型のコンセプトが受け入れられるか、②従来機と比べて価格が2～3倍になる本体が売れるか、③タンク型の投入によって他社製からのスイッチが見込めるかどうか、の3点にあった。

テストはおおむね成功し、２０１４年から欧州、２０１５年からオーストラリア、米国、カナダでタンク型プリンターの発売を開始した。

そうしているうちに、その情報を知った日本の消費者から、「日本ではいつ出すのか」という問い合わせも寄せられるようになった。

カニバリゼーションを恐れない

日本は新興国と比べて、純正のインクカートリッジが圧倒的に採用されており、ジレットモデルが成り立っている国である。すなわち、現行のやり方で儲かっていたのである。そこに本体価格を高くする「逆ジレットモデル」を発売すれば当然、新しい事業が既存事業と競合し、売上を奪ってしまう「カニバリゼーション」が懸念される。

そこで日本でもユーザー調査を行った結果、レーザープリンターから乗り換える人や、他社製品から乗り換える人も相当いると推定された。社内では、従来型プリンターとタンク型プリンターは同じ事業部で扱っていたことから、「どちらでも売れればＯＫ」「お金の入り方が違うだけ」「タンク型を望む人がいれば、トータルの売上は増えるはず」「ユーザーに選択肢を提供しよう」という声が強かった。

こうした意見を受けて、２０１６年2月に日本でタンク型プリンター「ＥＷ‐Ｍ６６０ＦＴ」が発売された。本体は６万円弱と従来機の3倍近くするが、インク代は従来機の10分の1程度ですむ。ただし国内では、外付けタンク対策という打ち出し方ではなく、インクカートリッジ交換に関わるメンテナンスの手間の軽減、印刷コストの削減を、ユーザーへの訴求点とした。

印刷コストに関しては、８ページの図表０‐１に示す通りであるが、大量に印刷するユーザーほど有利である。また彼らは、印刷中に「インクがなくなりました」という表示が出てくるのではと、常に不安を感じていたが、タンク型に換えることでその表示がめったに出なくなり、印刷の中断が減ったことも、大きなメリットだった。

2 創造的破壊への挑戦

失うものがない強み

新興国ではタンク型に追随した競合大手だが、国内の家庭用ではブラザー工業以外、本書執筆時点では追随していない。それにはさまざまな理由が考えられるが、その1つとして、

図表0−1　タンク型プリンターの印刷コスト

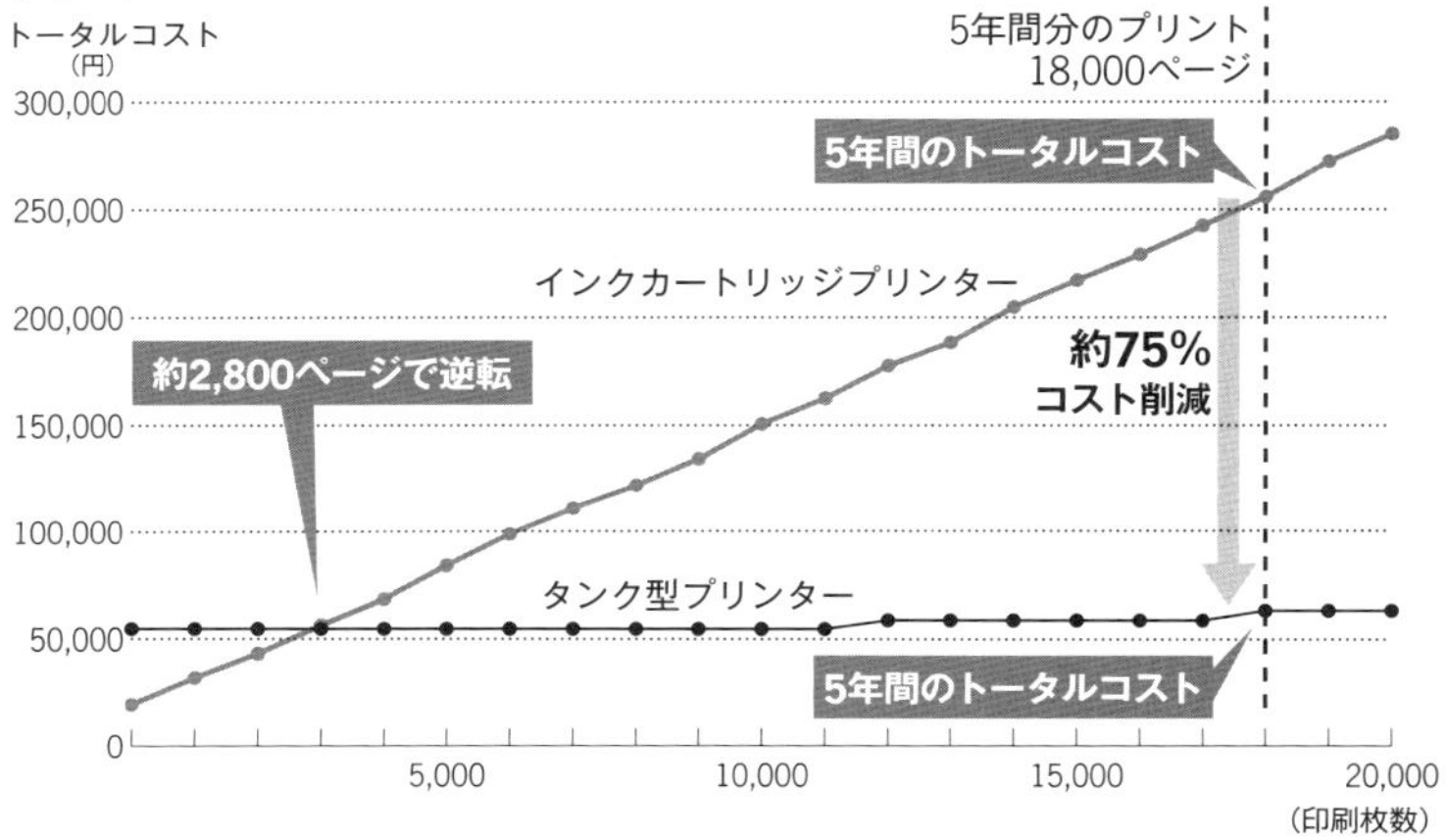

出所:エプソン提供資料

他社とエプソンとではプリンターの機種構成が異なることが挙げられる。

エプソンの場合は、インクジェットのほうがレーザーより比率が高いが、キヤノン、ＨＰはレーザーの比率のほうが高い。

タンク型プリンターは、大量に印刷する個人もしくはＳＯＨＯをターゲットとしており、インクジェット方式ながら低価格のレーザープリンター市場と重なる商品である。そのため、エプソンにとっては得意なインクジェットの市場を拡大することになるが、キヤノンなどにとっては、主力のレーザーの市場が浸食されていく可能性がある。すなわち、タンク型はエプソンにとっては、失うものが少ない状況であった。

タンク型プリンターは、当初の新興国市場に加えて、日本国内や欧米でもそのシェアを拡大しつつある。１５０以上の国と地域で販売され、

2017年3月末には累計販売数が2000万台を超えた。その結果、エプソン全体のインクジェットプリンターにおけるタンク型の数量比率は4割にまで上昇している。

2016年3月には、本体価格は従来機より高いが、1枚当たりのインク代は安いプリンター「V-editionシリーズ」を市場に投入した。画質の良さが売りで、自宅で写真を印刷したいハイアマチュアをターゲットとしている。さらに2017年3月には、より高機能の「EW-M770T」を世界に先駆けて日本で発売した。タンク型プリンターの高機能製品を日本で先行販売したのはこれが初めてであった。

こうして国内では、従来型のインクジェットプリンターと、その対極にあるタンク型、そしてその中間にある「V-editionシリーズ」と、本体と消耗品との関係で見ると、3つの選択肢を提供している。

伝統的な製造業では、製品価格をコストプラス方式で決めている企業も少なくないが、エプソンではコストからではなく、ビジネスモデルの違いから本体およびインクの価格設定をしている。

顧客の選択肢を増やす

エプソンでは、強みであるインクジェットプリンターのライン拡充を進めている。1つは、

「エプソンのスマートチャージ」と呼ばれる、本体、消耗品、保守込みのオールインワン定額を含むサービスで、オフィスの複写機の領域を攻める戦略である。

スマートチャージの対象となる複合機やインクジェットプリンターは、複写機メーカーが販売する複写機とほぼ同じ機能を備えるが、本体導入費用がゼロで、一定枚数（たとえばモノクロは2000枚、カラー600枚）まで定額（1万円）という、わかりやすい仕組みもある（契約年数5年の場合）。本体費用ゼロのため、SOHOでも導入しやすく、しかも保守サービスやインク代もすべて含まれているので、ユーザーが〝手を汚す〟必要もない。

トナーは中に空気が入っているため容量が大きくなるが、インクは容積を小さくでき、これがインク全体の大容量化を可能にしている。対オフィス用には当面このモデルが中心となり、レーザープリンターや複写機の市場を攻めにいくと見られる。

一方、新用途開拓としては、インクジェットはインクを飛ばすだけのシンプルな仕組みのため、レーザーに比べて部品交換や故障が少なく、また多様なインクを飛ばすことができる特長がある。

たとえば水を使わずにTシャツへの印刷ができたり、DMやチラシ、地図、オンデマンドの大型ポスターなどが作りやすい。そうした技術の優位性を生かして、インクジェットをコア技術とするエプソンは、A4サイズの紙に印刷する以外の用途開発に力を注いでいる。

「豊かな社会とは、選択肢の多い社会である」――エプソンは、複数の選択肢をユーザーに提供し、また自らがジレットモデルから脱皮することによって、それを実現しようとしている。ビジネスモデルの教科書に書かれてきた「ジレットモデル」だけがプリンターのビジネスモデルであった時代は、もはや過去のものとなった。

ビジネスモデル転換に成功した4つの理由

最後に、エプソンが「逆ジレットモデル」といえるタンク型プリンターのビジネスモデルを導入できた要因を整理してみよう。

第1に、知的財産権侵害の多い新興国でのアウトサイダーに対して、訴訟で争うのではなく、良質な同等品を発売することによって、結果的にはユーザーの評価を獲得したことが挙げられる。新興国ではいったん裁判で勝っても、しばらくすると類似事件が発生することが日常的に起こる。アウトサイダーの商品を同質化してしまった同社の戦略は、大胆かつ有効であった。

第2に、従来のインクジェットプリンターとタンク型プリンターが同じ事業部で事業が行われていたことも、成功を支えた組織的要因であった。もし別の事業部が担当していたら、カニバリゼーションの議論が起き、大胆な意思決定がされなかった可能性もある。

第3に、エプソンは、レーザープリンターの構成比が低いという〝弱み〟を持っていたことが、タンク型プリンターの市場開拓を進めやすくした。競合大手は、製品構成がこの逆であったため、国内で同質化できないでいる。これは「弱みを強みに変える」、まさに逆転の競争戦略[*1]の典型例といえる。

第4に、「紙に印刷する機械」という定義を超えて、プリンターを「情報を別の媒体に移植する手段」という考え方で、事業領域を広げている。世間では3Dプリンターが注目を集めているが、2Dプリンターでもまだまだ用途開拓の余地がありそうだ。

最後に、「プリンターはジレットモデル」という教科書的な固定概念を自ら壊せたのは、エプソンのこれまでの歩みがあったからであろう。世界初のクオーツ腕時計やプリンターなどを商品化してきた諏訪精工舎、信州精器の時代から引き継がれた企業のDNAが、創造的破壊を後押ししたといえる。

第1章

なぜ見えない ビジネスモデルか

1 エプソンのケースが教えてくれること

序章のエプソンのケースを読んで、どのような印象を持たれたであろうか。

従来、プリンタービジネスは「ジレットモデル」（消耗品モデル）といわれており、取り替え用インクカートリッジが収益源とされてきた。しかしエプソンは、そのビジネスモデルを自ら壊すタンク型プリンターを発売した。

普通に考えれば、儲かっているビジネスモデルを自ら壊すことは理解できない。

しかし海外では違法改造品を純正のエプソンが駆逐し、国内では同じ事業部で販売したことにより、カニバリゼーションの問題を解決した。さらにはレーザープリンターに強みを持つライバルのキヤノンが、すぐには追随できない戦略であったことにも注目すべきであろう。

外部から見ていると「何と馬鹿なことを」と見えたかもしれないが、そこには、深く考えられたビジネスモデルがあったことを、エプソンの事例は教えてくれた。

本書では、このようなビジネスモデルの見えない仕組みにこそ、ビジネス成功のポイントがあるということを、豊富な事例を通じて解き明かしていく。

2 ビジネスモデル探究の系譜

ビジネスモデルの定義と構成要素

過去ビジネスモデルの研究には、大きく3つの流れがあった。

「ビジネスモデル」という言葉が使われ始めると同時に、まずはビジネスモデルの定義、ビジネスモデルの構成要素を示す研究が数多く行われた。

ビジネスモデルの定義に関しては、図表１－１のようなものが挙げられた。研究者の数だけ定義がある状態であり、いまだ定説はない。ただ図表１－１にある定義を見ると、顧客に価値を届け、長期的に利益を上げることが中心になっている。

本書ではアファ（２００４）のシンプルな定義（a framework of making money）をベースに、ビジネスモデルを「儲ける仕組み」と定義しよう。

次にビジネスモデルの構成要素としては、図表１－２のようなものが示されてきた。

これらを見ると、顧客の特定、提供価値、利益を上げる仕組みの３つは、欠かせない要素といえよう。ただし抽出された要素の抽象度は高く、構成要素がわかっても、ビジネスモデルを構築することは難しかった。

ビジネスモデルの型

その後ビジネスモデル探究の第２の流れとして、儲けのパターンを類型化する研究が数多くなされた。ビジネスモデルの型を列挙したものとして、以下のようなものが挙げられる。

スライウォッキーとモリソン（１９９７）は『プロフィット・ゾーン経営戦略』の中で、利益を上げるモデルを22に分類した（図表１－３）。

図表1−1　ビジネスモデルの定義

○どのように金を稼ぎ、利益を長期間保持するかについての言明
（スチュワート＆ザオ, 2000）

○いかにして長期的に利益を上げるかの計画
（アファ＆トゥシィ, 2001）

○どうすれば会社がうまくいくかを語る筋書き
（マグレッタ, 2002）

○企業の戦略における収入、コスト、利益の経済性に関わるもの
（トンプソン＆ストリックランド, 2003）

○儲けるための仕組み
（アファ, 2004）

○アイデアやテクノロジーを経済的な成果に結びつけるための枠組み
（チェスブロウ, 2006）

○誰に、何を、どのように提供するかに関する意思決定
（マルキデス, 2008）

○企業がいかに価値を生み出し、顧客に伝え、対価を利益に変換するか
（ティース, 2010）

○その企業がどのようにして一定層の顧客に価値を提供し、利益を得るかを定義するもの
（ジョンソン, 2010）

○どのように価値を創造し、顧客に届けるかを論理的に記述したもの
（オスターワルダー＆プニュール, 2010）

図表1－2　ビジネスモデルの構成要素

○**Which**（顧客が求める効用の提供）、**How**（どのような活動を遂行）、**When**（どのようなタイミングで遂行）

（アフア, 2004）

○顧客への価値提案、顧客セグメント、内部プロセスとコンピタンス、利益獲得の方法

（モーリスほか, 2005）

○価値提案、市場セグメント、バリューチェーンの決定、コスト構造と潜在的利益、バリューネットワーク内でのポジション、競合戦略

（チェスブロウ, 2006）

○**Who**（誰をターゲットとすべきか）、**What**（どのような製品・サービスで差別化された提供価値を届けるか）、**How**（いかに効率的に行うか）

（マルキデス, 2008）

○顧客価値提案、利益方程式、鍵となる経営資源、鍵となる業務プロセス

（ジョンソンほか, 2008）

○売上モデル、粗利モデル、運営モデル、運転資金モデル、投資モデル

（マリンズ＆コミサー, 2009）

○**Who**（対象顧客は誰か）、**What**（顧客にもたらす価値は何か）、**How**（製品やサービスをどのように提供するか）、**Why**（なぜ自社が儲かるのか）

（ガスマンほか, 2014）

図表1−4 ビジネスモデルのアナロジー

1	親睦団体提携型
2	仲介型
3	セット販売型
4	携帯電話型
5	クラウドソーシング型
6	中抜き型
7	共有型
8	フリーミアム型
9	リース型
10	サービス削減型
11	プロセス逆転型
12	従量制料金型
13	髭剃りと替え刃型
14	リバースオークション型
15	逆·髭剃りと替え刃型
16	サービス移行型
17	標準化型
18	定期購読型
19	ユーザーコミッティ型

出所:ジョンソン(2010)

図表1−3 利益を上げるモデル

1	顧客ソリューション利益
2	製品ピラミッド利益
3	マルチコンポーネント利益
4	スイッチボード利益
5	時間利益
6	ブロックバスター利益
7	利益増殖モデル
8	起業家利益
9	専門化利益
10	インストール·ベース利益
11	デファクト·スタンダード利益
12	ブランド利益
13	専門品利益
14	ローカル·リーダーシップ利益
15	取引規模利益
16	価値ポジション利益
17	景気循環利益
18	販売後利益
19	新製品利益
20	相対的市場シェア利益
21	経験曲線利益
22	低コスト·ビジネスデザイン利益

出所:スライウォッキー&モリソン(1997)

しかしこの中には、ただ規模が大きければ利益が増える（取引規模利益）というような、およそビジネスモデルとは無関係のようなものも含まれている。なお2002年にスライウォッキーが出版した『ザ・プロフィット』では、ビジネスモデルとして、「デジタル利益」がさらに追加された。

またジョンソン（2010）は『ホワイトスペース戦略』で、ビジネスモデルを考えるには、まったくゼロから考えるよりも、アナロジーを利用することの有用性を説き、図表1－4の19のアナロジーを示した。これはアナロジーという点からビジネスモデルの型を示す面白い研究であったが、スライウォッキーらと同じように、型の羅列にとどまっていた。

最近でもスイスのビジネススクールで教えるガスマンほか（2014）は、『ビジネスモデル・ナビゲーター』の中で、成功実績のあるビジネスモデルを55種類にまとめた（数が多すぎるので、本書では省略する）。

ビジネスモデル構築のフレームワーク

ビジネスモデル探究の第3の流れは、ビジネスモデルを構築するためのフレームワークの探究であった。

代表的なフレームワークが、オスターワルダー&ピニュール（2010）が提案した「ビ

図表1−5　ビジネスモデルキャンバス

出所：オスターワルダー＆ピニュール（2010）を一部修正

図表1−6　9セルメソッド

ビジネスに必要な要素

ビジネスをつくり出す要素	Who	What	How
顧客価値	どんな片づけるべき用事を持った「人」か？	解決策として「何」を提供するか？	代替策との違いを「どのように」表現するか？
利益	「誰」から儲けるのか？	「何」で儲けるのか？	「どのような」時間軸で儲けるのか？
プロセス	「誰」と組むか？	強みは「何」か？	「どのような」手順でやるのか？

出所：川上（2013）

ジネスモデルキャンバス」である。これは図表1－5のように、パートナー、主要活動、リソース、価値提案、顧客との関係、チャネル、顧客セグメント、コスト構造、収入の流れ（邦訳書では「収益の流れ」となっているが、原語が〈Revenue Streams〉なので、本書では収入と訳す）、の9つの構築ブロックを設け、そこにアイデアを記入していくものである。

企業においては、ビジネスモデルの策定チームの会議室にこのキャンバスの拡大版を貼り、そこにポストイットでアイデアを貼り付けていく方法がよく用いられた。

日本でも川上（2013）は、「Who」「What」「How」の3つに、顧客価値、利益、プロセスという軸を組み合わせて、図表1－6のような9セルメソッドというフレームワークを示している。

3
見えるところはすぐに同質化される

ビジネスモデルの同質化

1998年、米国のステート・ストレート銀行事件の判決で、ビジネスの方法も特許付与の対象となることが判示された。それを契機に、新しいビジネスモデルを構築した企業は、それを特許で守ろうという動きが出てきた。

同じ年にプライスライン・ドットコムの「逆オークション特許」が成立し、1999年にはアマゾンの「ワンクリック特許」も成立している。日本では2000年に住友銀行の「入金照合サービス」がビジネスモデル特許として成立したが、その後は審査が厳格になり、大量出願ブームは沈静化した。

こうしてビジネスモデルを、特許として守ることは難しくなってきた。そのため、うまくいっている他社のビジネスモデルを模倣すれば、後発者でも新しいモデルが実践できるようになった。

たとえば日本では、２０１１年に「俺のイタリアン」「俺のフレンチ」（立ち食いでフルコースが食べられるレストラン）が開店すると、２０１３年には「いきなりステーキ」（立ち食いで、好きな肉を好きな量だけ食べられるレストラン）などが生まれた。両者は食材が違うだけで、ビジネスモデルはほぼ同じである。

また質屋に行くのは敷居が高いが、不用品を処分して現金化したいニーズに応える、ブランド品などを宅配便で送ってもらって買い取る業者は、雨後の筍のように増えた。これらの企業のビジネスモデルも、ほとんど同じである。

ほかにも、コンビニエンスストアの仕組みは、各社とも骨格はセブン－イレブンとほぼ同じであり、タニタが始めたフィットネスクラブ「フィッツミー」は、カーブス（2章参照）そっくりである。ＱＢハウスが成長していると見ると、同じような千円理髪店が多数生まれた。

このように、ビジネスモデルの外から見えるところは模倣されやすい。こうした同質化競争の行く末は価格競争である。製品の価格競争に疲弊した日本企業が求めたのがビジネスモデルによる差別化だったにもかかわらず、またそこで価格競争が行われてしまっては、みなが疲弊してしまう。

見えない「コスト構造」と「競争構造」に鍵が

戦略を立てるにあたっては、3つのC、すなわち顧客（Customer）、競合（Competition）、資源（Company）を分析することは必須である。ビジネスモデルの構築にあたっても、この3Cを分析することは欠かせない。

前述した「ビジネスモデルキャンバス」にも、顧客に関するものとして「顧客との関係」「顧客セグメント」「価値提案」「収入」などが示されている。収入に関しては、商品の販売、使用料、購読料、レンタル・リース、ライセンス、仲介手数料、広告という種類が示されている。しかしこれらは、代表的な収入源を列挙したもので、網羅性があるとはいえない。顧客に関する要素は、実はマーケティングそのものであり、外部からも観察可能、模倣可能な部分が多い。逆に外から見えにくいのは、資源と競合である。

資源に関しては、「ビジネスモデルキャンバス」では「リソース」「主要活動」「チャネル」「コスト構造」などが該当するが、コスト構造は外部から最も見えにくい。

コスト構造に関しては、固定コスト、変動費、規模の経済、多角化の経済性の4つに分類されているが、新しいビジネスモデルとしてどのようなコスト構造にしたらよいかは、この4つだけでは網羅性に欠ける。またコストは瞬間的に安いだけでなく、持続的に低コスト構造を持たないと、ビジネスモデルとして成功しない。

たとえば米国コンチネンタル航空は、コンチネンタル・ライトというLCCを始めたが、わずか2年間で撤退するに至った。同社では、座席予約システムやマイルシステムを親会社のコンチネンタルと共有することで、コストダウンする目論見であったが、現実には、コストはレガシーの航空会社並みにかかり、収入はレガシーに比べて格段に低かったため、利益を上げられる仕組みになっていなかった。

競合については、「ビジネスモデルキャンバス」には、直接該当するブロックはないが、競合企業が同質化政策を採った瞬間に崩されてしまうビジネスモデルでは意味がない。競合企業が同質化できない仕組みが組み込まれているかどうかが重要であり、これも外部から簡単には見えない。競合企業の戦略や経営資源などを分析して、初めて見えてくるものである。

多くの企業では、自社でビジネスモデルを構築する際に、他社の事例を研究している。その際には、どうしても見える部分に目が行きがちである。また、見えない部分をどうするかに関して解説された書籍も、ほとんどない。

こうした背景から本書では、ビジネスモデルの見えない部分に関して、重要なポイントを帰納的に探究する方法を取った。次章の事例研究では、公開資料を分析した上で、対象となる企業への取材を行い、ビジネスモデルの見えない部分をできる限りわかりやすく解説した。持続的な「コスト構造」と「競争構造」をいかにして構築したのか、あるいはしようとしているのかに着目して、読んでいただきたい。

第2章

事例から読み解く見えないビジネスモデル

1 大企業の新しいビジネスモデル

既存のビジネスと、いかにバランスを取るか

第2章では、新しいビジネスモデルで成功している大企業、斬新なビジネスモデルで急成長しているベンチャー・中堅企業、そして革新的なビジネスモデルをもって、業界構造へ挑戦中の企業を、3つの節に分けて紹介する。

最初に取り上げる大企業の新しいビジネスモデルは、単一のビジネスモデルで成長してきたセブン銀行を除けば、既存のビジネスモデルに新たなモデルを加えて、それをどう社内でバランスを取りながら成長させていくかが鍵となる。事業規模、収入の入り方、必要とされ

る資源、評価基準などが違う場合、そのバランスを取るのはとても難しい。

以下では、外部からは見えないコスト面で素晴らしい工夫をしてきたセブン銀行、ユニークなテレマティクス保険で先行するソニー損害保険、非航空系収入が航空系収入を上回った成田空港について解説する。

さらに総合電機メーカーの隠れた収益源であるエレベーターの保守事業にハイテクを駆使した三菱電機、新たな顧客層を次々と開拓しながら成長しているリクルートの「スタディサプリ」を取り上げる。

それぞれのケースを、詳しく見ていくことにしよう。

2 見えない部分に組み込まれた低コスト構造

ATMはなぜ紙幣切れしないのか――セブン銀行

コンビニでお金を引き出せたら

「コンビニでお金を引き出せたら便利」。セブン－イレブンには、かなり前からこうした声が寄せられていた。

セブン－イレブンでは、1987年から公共料金等の収納代行を行ってきた。転居の多い若者などにとって、手続きが面倒な銀行口座からの引き落としと比べて、夜間や土日でも気軽に支払えるコンビニは便利なため、よく利用されてきた。

公共料金の支払いだけでなく、店で現金が引き出せたらもっと便利になる。そう考えたセブン－イレブンは、まず銀行と共同運営会社を設立する構想を立てた。しかし、銀行との間で手数料の調整がつかず、また共同運営の場合、ATMは銀行の出張所扱いになるため、セブン－イレブンがサービスの主導権が取れないことが明らかになった。そこでセブン－イレブンは、自ら銀行業の免許を取る方針に転換した。

2000年ころは、金融機関の破たんが続き、当時の大蔵省も新しい銀行の認可に前向きで、ソニー銀行、ジャパンネット銀行などが認可されていた。一方、既存の銀行はバブル期に増やしてきた無人ATM店舗を維持することが、コスト面で難しい時期に入っていた。

「共通インフラ」ATMを提供する

IY（アイワイ）グループは、2001年にアイワイバンク銀行を設立した。大株主には、三菱東京UFJ銀行や三井住友銀行も名を連ね、基本的に融資等は行わない決済専門の銀行として誕生した（すなわち、メガバンクをはじめとする既存の銀行とは、競争しない構造になっていた）[*1]。

当初、アイワイバンク銀行は、銀行業の免許を取れば、金融機関各社が加盟している「統合ATMネットワーク」に加盟できると考えていたが、ネットワークへの加盟は認められなかった。もっぱら他行の客がアイワイバンク銀行のATMを使い、その逆は少ないため、手数料が一方的にアイワイバンク銀行に流れると考えたからだ。そこでアイワイバンク銀行は、やむをえず自力でネットワークを構築し、それを直接金融機関につなげることにした。

アイワイバンク銀行のビジネスモデルは、他行のように預金獲得や法人向けの融資で競争するのではなく、「共通インフラ」であるATMを提供することにより、無人ATM店舗の維持などに悩む他行との共存共栄を図るものである。そのためにはパートナーが必須だった。まずは都市銀行と、各県の第一地銀との提携を進めた。2001年度には9社、2002年度には48社と、立ち上がりこそ苦戦したが、2003年度には信用金庫やゆうちょ銀行も加わり、提携金融機関は一気に309社に増えた。

2005年にアイワイバンク銀行からセブン銀行に改称した。

その後は、無人ATM店舗の代替だけでなく、駅・空港への設置や他行のATMを代替するようになった。たとえば新生銀行の店舗からは自行のATMは姿を消し、セブン銀行のATMが置かれている。

他行が購入していたATMは1台800万円前後のもので、さらに無人店舗のATMは、より丈夫な構造にするために2000万円近くかかっていた。一方セブン銀行のATMはNECとゼロベースで共同開発し、通帳なし、小銭なしと構造を単純にしたため、1台200万円ほどに抑えられた。これによって、1日の決済件数が70件ほどでも採算が取れるようになった*2（それまで銀行業界では、1日の決済件数が100件を割ると、そのATMの撤去が検討さ

図表２−１　セブン銀行のATM設置台数

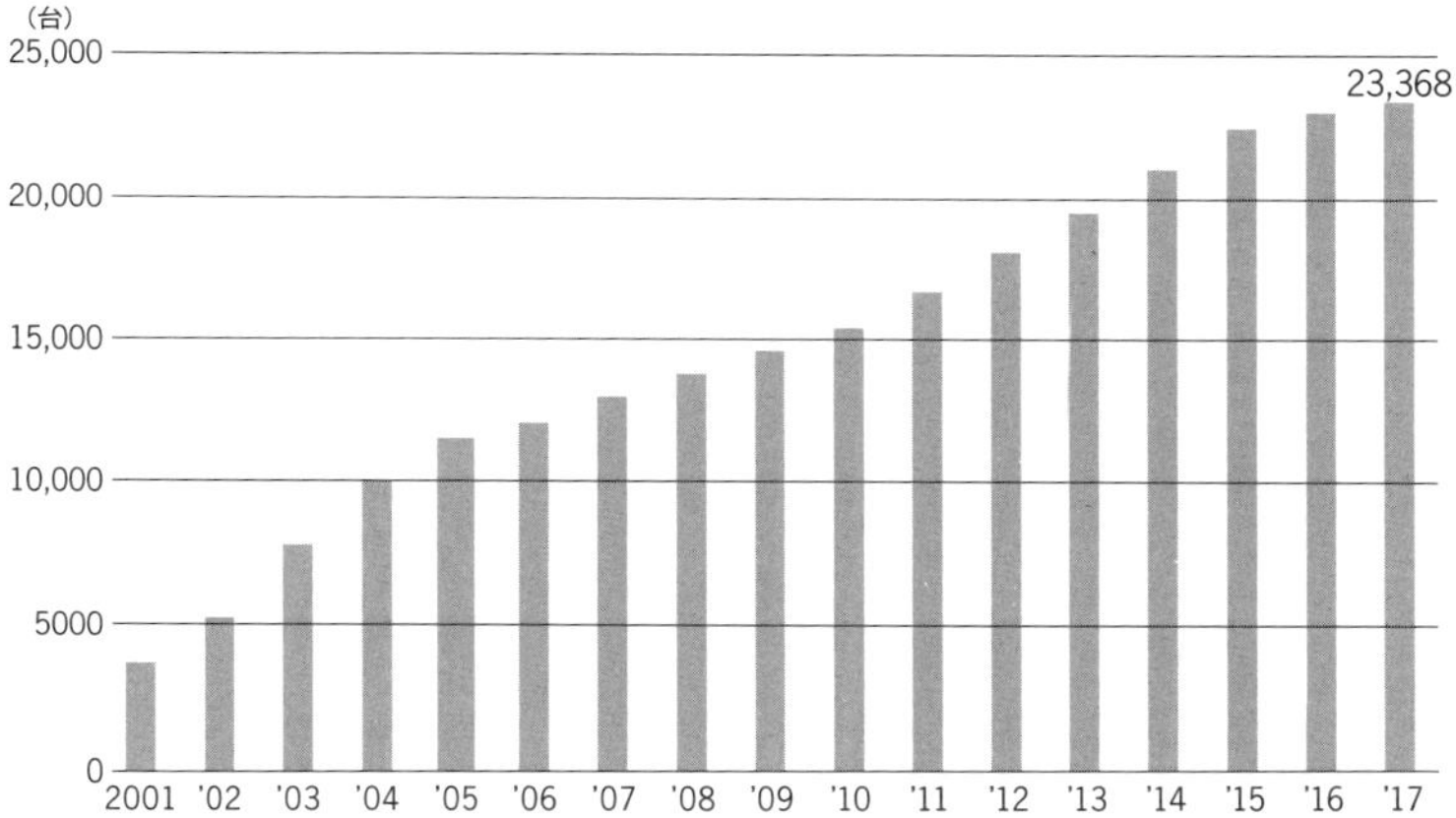

（各年3月末）

れていた）。

こうした施策の結果、２００３年度には経常利益、当期純利益ともに黒字を達成。２００５年には累積損失を一掃した。

２００７年度には、全国すべてのセブン－イレブン、イトーヨーカ堂にセブン銀行のＡＴＭが設置された。どの店にもＡＴＭがあることが、消費者の安心感、利便性につながった。

手数料は提携銀行が自由に決める

セブン銀行のＡＴＭは、実は地域の金融機関との提携があって成り立っている。

地域の金融機関は、セブン銀行とＡＴＭ利用について提携するだけでなく、綜合警備保障（ＡＬＳＯＫ）がセブン銀行のＡＴＭに補充する現金の調達をしている。逆にＡＴＭ内の現金が多くなれば、セブン銀行は、提携金融機関に資金を預ける。

セブン銀行は、利用者が他行のキャッシュカードを使ってセブン銀行のATMで現金を引き出すときに、提携金融機関から受入手数料をもらう。この点は他の金融機関同士の提携と変わらないが、セブン銀行がユニークだったのは、引き出した利用者が金融機関に払うATM利用手数料の額を、各金融機関に任せたことである。引き出しにかかるATM利用手数料は昼間100円、夜間200円が標準的であったが、どのように価格づけしてもいいようにした。

2017年3月期の連結経常収益に占めるATMの受入手数料の割合は92%で、収益の柱になっている。

それでは次に、セブン銀行のあまり知られていない、見えない部分について述べていこう。

紙幣の補充役を担う売上金入金サービス

セブン銀行は創業後間もなく、法人向けに「売上金入金サービス」を始めた。店舗等の現金売上を、専用カードを使ってATMに入金するサービスである。専用カードによって入金された現金は、企業ごとに即座に1つの口座にまとめられ、本部・本社は一括で資金管理ができる。

このサービスによって、企業は現金保有のリスクから解放され、特に夜間営業の企業にとっては、銀行の夜間金庫替わりになるメリットがあった。セブン銀行が創業した2001年当時は、銀行の支店が閉鎖されたり、収益の見込めない夜間金庫事業から撤退する銀行が相次いでいた。

当初、売上金入金サービスは、セブン‐イレブン店舗の売上の入金から始まった。これは、特に夜間における防犯に役立った。次第に利用客は他の夜間営業の店舗や、ガソリンスタンドなどに広がり、深夜に仕事を終えるタクシーの運転手にとっても、なくてはならない存在となった。

売上金入金サービスによってセブン銀行は、専用カードで入金する際に発生する手数料収入を得ると同時に、紙幣調達コストも下げることができた。

コンビニATMは入金より出金のほうが圧倒的に多く、補充しないと紙幣がなくなってしまう。しかし、セブン‐イレブン内のATMは売上金入金サービスのおかげで、月1回ほど綜合警備保障（ALSOK）が現金を運び入れればすむという。

すなわち売上金入金サービスは、入金者にはセキュリティを提供する一方で、その入金がセブン銀行の紙幣調達コストを大幅に下げているという、画期的なビジネスモデルなのである。

海外カード対応に見る後発者のメリット

セブン銀行は大手都銀に先んじて、海外で発行されたカードによるＡＴＭでの出金を可能にした。訪日客が増えるにつれ、国内で現金（日本円）を引き出すニーズは高まったが、海外で発行されたカードの磁気ストライプの位置が、日本の金融機関のキャッシュカードと異なっていたことから、日本のほとんどの金融機関のＡＴＭでは現金が引き出せなかった。

一方セブン銀行のＡＴＭは、最初から磁気ストライプの位置の違いを考慮して設計されたため、創業期からこのビジネスに参入できた（当時ほかに対応していたのは、ゆうちょ銀行とシティバンクだけであった）。東京五輪を控えて訪日客が急増する中、大手都銀は海外カード対応のために、今後大きな投資が必要となっている。

また、セブン銀行は海外の企業と組んで、海外送金サービスも積極的に進めている。セブン銀行のＡＴＭから送金すれば、数分後にはフィリピン、ブラジル、中国などでお金を引き出すことができる。日本で働く外国人で、銀行の営業時間内にはなかなか足を運べない層に大変好評である。

一般に日本の銀行は、その地域に住んでいる日本人、日本企業を顧客と考えることが多い。これに対してセブン銀行は、「その地域のセブン－イレブンに来店する人」を顧客と考えている。そのため、海外送金サービスの発想も自然に出てきた。ちなみに海外送金サービスを利用するためには事前の契約が必要となるが、郵送だけでは書類の不備が多くなるため、外国人が多く働く工場や、イベント会場などに出向き、対面での申し込みも受け付けている。さらにコールセンターでは、９カ国語に対応している。

海外送金のビジネスは10億円単位のビジネスであり、１００億円単位が常識の大手都銀が参入しようとする事業規模ではない。ここに、大手が参入しにくい理由がある。

6つの成功要因

セブン銀行のビジネスモデルの成功のポイントをまとめると、次の6つになる。

第1は、銀行との提携ではなく、自ら銀行業の免許を取得したことである。当初の計画通り提携で参入していたら、今でもＡＴＭ設置銀行の出張所扱いのままで、戦略の自由度は大幅に制限されていたであろう。

第2は、統合ＡＴＭネットワークへの加盟が認められなかったことである。これも当初の目論見が崩れた点であったが、自前でネットワークを構築せざるを得なかったことにより、結果的に利用者にとって使いやすいものになった。セブン銀行のＡＴＭでは、キャッシュカードを入れると普段利用している金融機関の画面に切り替わるので、慣れないＡＴＭでお金を引き出す不安感が払拭される。

図表2－2　見える差別化と見えない効率化

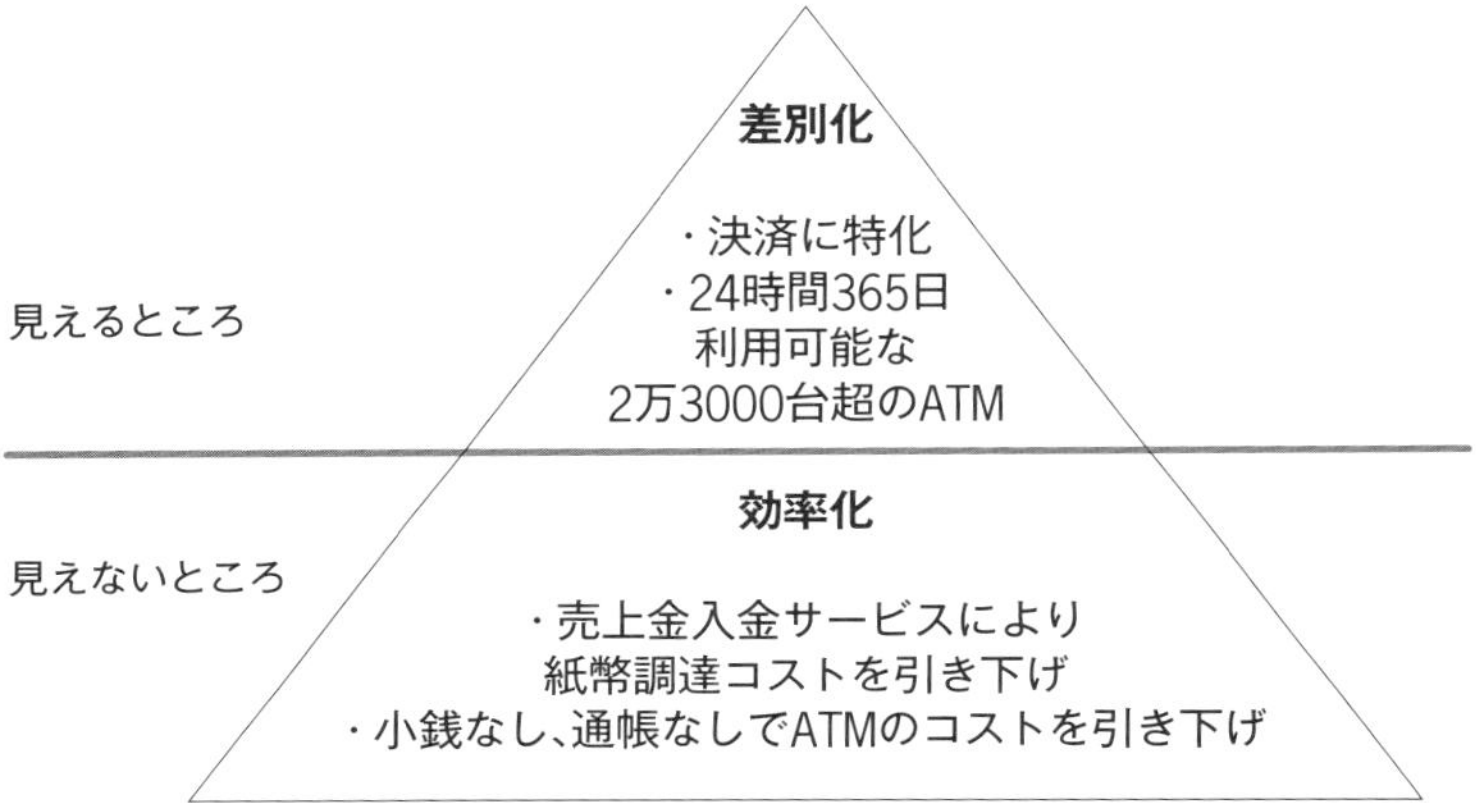
差別化
・決済に特化
・24時間365日
利用可能な
2万3000台超のATM
見えるところ
効率化
見えないところ
・売上金入金サービスにより
紙幣調達コストを引き下げ
・小銭なし、通帳なしでATMのコストを引き下げ

第3は、ＡＴＭ機器のコストを大幅に下げ、損益分岐点を下げることに成功した。

第4は、後発であったことから、海外のカードも読み取れるＡＴＭを最初から設置でき、これが国際化の引き金となった。

第5は、顧客の定義を「その地域に住む日本人」ではなく、「その町のセブン‐イレブンに来る人」とし、国境を越えたニーズへの対応が進められた。

第6に、これは最も重要なポイントであるが、出金の多いコンビニＡＴＭにおいて、紙幣の調達コストが極めて安いことが挙げられる。売上金入金サービスを創業時から始め、見えない部分でローコスト・オペレーションできる仕組みが、組み込まれていた。

私たちはビジネスモデルというと、つい外部から見えやすいマーケティング部分に着目しがちであるが、セブン銀行のような見えない部分にこそ、持続的に収益を上げる鍵があることを忘れてはならない。

金利変動とキャッシュレス化がリスク要因

セブン銀行では、引出手数料以外の収益を求めて、新しい事業にも手を打ってきている。2018年からは、企業から個人あての送金を、口座を使わずにセブン銀行のATMで受け取れる「現金受取サービス」を始める。

モノやサービスをインターネットを通じてやりとりするサービスの報酬などを、個人が受け取る場面が増えているが、従来は銀行の口座番号を伝えたり、現金書留で受け取るために住所を伝える必要などがあった。

新サービスを使えば、メールなどで受け取った番号をATMに入力するだけで、代金や報酬を受け取れるようになる。口座番号や住所を知らせることなく現金を受け取りたい人のニーズに応えることができる。

これまで順調に成長してきたセブン銀行だが、最後にリスクについても分析しておこう。今後を占う上で重要な要因が、金利と現金（キャッシュ）の問題である。

まず金利に関しては、これまで超低金利時代が続いてきたため、セブン銀行は収益を上げられてきたともいえる。ＡＴＭの中に眠っている紙幣は無利息の状態が続くことになるので、貸し出せば入ってくるはずの利息が得られない。超低金利下では無視できるほどの金利収入も、金利が上昇すれば機会損失は大きい。そのため、金利の上昇は極めて大きな影響を与えるといえる。ただし金利の上昇は、一晩で起きるようなものではないため、もし金利が上昇してくるような事態になれば、セブン銀行も当然手を打ってくると思われる。

長期的には、消費者が現金を使わなくなり、キャッシュレス時代が到来する可能性がある。日本ではいまだ8割程度が現金決済であるが、今後もこの傾向は続くだろうか。

たとえば中国では、クレジットカードが普及していなかったという事情もあるが、アリババが行うアリペイ利用者が、あっという間に4億人を超えた。アリペイは、スマートフォンのアプリ内に銀行と紐付けしてお金をチャージし、それを店頭のＱＲコードで読み取って決済する仕組みである。米国ではスマートフォンなどの携帯端末を経由して決済するペイパルが普及しているが、アリペイとはその仕組みの中にクレジットカードが介在している点が異なる。

日本でも、携帯電話をかざすだけで決済できるアップルペイなどが普及してきており、日本独自の電子マネーも含め、少額決済における現金の比重は下がってきている。こうしたモバイル決済や電子マネーが普及してくると、日常持ち歩く現金が減ってくるため、現金引き出しの回数も減ってくる。この結果、日本最大のＡＴＭ数が、今度は足かせになるリスクもはらんでいる。金融機関が持っていた無人ＡＴＭ店舗という「負債」を持たないことを、「資産」にしてきたセブン銀行だが、今後は自社のＡＴＭという「資産」が、「負債」になるリスクも抱えているといえよう。

3 優良顧客を囲い込み、大手との競争を回避

テレマティクス保険で先行——ソニー損害保険

「走る分だけ」へのこだわり

「後発企業は、大手企業がやれないことを行う」のが競争戦略の定石である。ドライバー

の年齢と等級で保険料が決まっていた自動車保険に、「運転の優しさ」という新たな変数を入れて、優良顧客の囲い込みを図るソニー損害保険（以下、ソニー損保）の知られざるビジネスモデルを探ってみよう。

ソニーの金融関連企業には、生保、損保、銀行などがある。いずれも過去の業界の慣例にとらわれることなく、顧客にとって合理的で公平なビジネスを行うことを目標としている。そのうちの1つ、ソニー損保は1999年に営業を開始した。2004年にはソニーフィナンシャルホールディングスが設立され、その傘下に入った。

ソニー損保は損保業界では後発かつ知名度もなかったことから、他社と差別化する必要があった。ネットや電話によるダイレクト販売の特長を生かしたうえで、商品にも差別化が求められていた。その第1弾として1999年に発売したのが、「保険料は走る分だけ」の自動車保険であった。

この保険は、「毎日運転する人と、たまに運転する人の保険料が同じなのは不公平だ」というユーザーの声から生まれたものである。走行距離が長くなればなるほど事故に遭う確率が高くなるため、ソニー損保では走行距離の長い人の保険料を高く設定し、逆に走行距離が短い人は安く設定した。この保険で得をするのは走行距離の短い人であり、その層をターゲットとして開発された。

だが、大手損保はすぐにはこのやり方に追随してこなかった。保険会社にとっては、個々人の走行距離にかかわらず一律に保険料を集めるほうが営業効率が良いためである。業界トップの東京海上日動損害保険はしばらく静観を続けたが、子会社のイーデザイン損保で2013年に「保険料は走った分だけ」の保険を発売した。

現在、走行距離に応じて保険料が決まる保険は数社から発売されているが、多くの会社が「過去1年間の走行距離」で保険料が決まる「走った分だけ」の保険である。これに対してソニー損保は、予想年間走行距離に応じて保険料を算出する「走る分だけ」の保険である。わずか1文字か2文字の違いだが、ここにソニー損害保険のこだわりが現れている。

ソニー損保が「走る分だけ」としたのは、適用する保険料を、保険期間のリスク実態とできる限り一致させたいと考えたからである。「走った分だけ」とすると、昨年は例外的に長距離ドライブが多く、今年は明らかに走行距離が短くなる人でも、昨年の距離を前提とした保険料を払わなくてはならないことになる。ソニー損保の自動車保険では、今年の走行距離を予想して保険料を決めるので、そうしたことは起きない。

さらに、予想よりも走行距離が短くなった場合には、その分を翌年に「くりこし割引」し、保険料を安くすることで、ドライバーが損をしないようにした（オーバーした場合は、申告に基づいて保険料は調整される）。

自動車保険を変えたテレマティクス保険

日本の自動車保険は、用途・車種、ドライバーの年齢などの顧客属性と事故の有無によって上下する20段階の「等級制度」によって保険料が決まってきた。そのため保険料は、年齢が若い人や自動車保険の加入年数が短く、等級が低い人ほど高くなる。しかし、実際には若者や自動車保険の加入年数が短くて等級が低い人の中にも、事故を起こすリスクが低い人はいる。その結果、リスクと保険料との間にズレが生じていた。

こうした中、米国でテレマティクス保険が誕生してきた。テレマティクス（Telematics）とは、車などの移動体と通信システムを組み合わせ、さまざまな情報を提供することであり、通信（Telecommunication）と情報科学（Informatics）の合成語である。これを利用した保険を、テレマティクス保険と呼んでいる。

テレマティクス保険には、「走行距離連動型」と「運動行動連動型」の2種類がある。前者は実際の走行距離を測定して、それに応じた保険料を設定するタイプであり、「ＰＡＹＤ型（Pay As You Drive）」保険と呼ばれる。後者は、安全運転の度合いを保険料に反映させるタイプであり、「ＰＨＹＤ型（Pay How You Drive）」保険と呼ばれている。ソニー損保が最初に発売した「走る分だけ」保険は前者だったが、さらなる差別化を図るため、後者に相当する「やさしい運転キャッシュバック」を開発することになった。

テレマティクス保険を最初に事業化したのは、米国の保険会社・プログレッシブであった。当初は、運転席の下にあるＯＢＤ（On-board diagnostics）－Ⅱと呼ばれるコネクターに専用の計測器を接続して運転の安全さを測り、それに基づいて保険料に差を付けた。もともとＯＢＤ－Ⅱは、車の状態を自己診断するために使うインターフェイスである。

プログレッシブは、ＯＢＤ－Ⅱにつなげる通信端末で走行データを収集し、運転特性の結果を保険料に反映させる保険を２００４年に発売した。同社では２０１４年に、２００万件を超えるテレマティクス保険の契約を獲得し、この分野の先駆者として米国のトップを走り続けている。

10社を越す保険会社がテレマティクス保険を販売する米国でも、全自動車保険における構成比はいまだ数％にとどまっているが、ＳＡＳ社の予測によれば、２０２０年には、自動車保険全体に占めるテレマティクス保険の割合は、英国で40％、イタリアで30％超（イタリアでは車の盗難防止のためというニーズが高い）、米国、フランスではそれぞれ25％超にまで高まる見込みだ。

ドライブカウンタで顧客へキャッシュバック

ソニー損保は、プログレッシブを含む海外の数社をウォッチする中で、同じ方法を日本で実現することは難しいと感じていた。ＯＢＤ－Ⅱにつないで情報を取る方法は米国では普及していたが、ＯＢＤ－Ⅱは古い車には搭載されておらず、かつ日本の自動車メーカーは当時、ＯＢＤ－Ⅱに外部の機器を接続することに消極的であったからである。

代替案として、図表２－３のように、カーナビ、ブラックボックス機器、スタンドアローン機器、スマートフォンなどが検討された。検討の結果ソニー損保は、車のダッシュボードなどに貼り付けるだけのスタンドアローンの計測機器を、当初のモデルとして選択した。

加速度センサーを活用した安全運転支援装置を製造していたオプテックスと共同で開発した、「ドライブカウンタ」と呼ばれる計測器である。スタンドアローン機器なので、ダッシュボードなどに車の所有者が自分で設置できる利点がある。

だが、加速度センサーで車の急加速・急減速を正確に計測することは、簡単なことではなかった。カーブを曲がったり、段差を乗り越えたりするときに複雑な加速が加わり、運転の判定を難しくしていた。しかし、オプテックスは段差などのノイズを排除する独自のアルゴリズムを保有しており、その知見を生かして計測器の共同開発を行った。計測器は加速度センサー、ＣＰＵ、電池、メモリからなり、３次元で加速度を測定し、急加速、急減速を判定することが可能になった。

ソニー損保は多くの車にドライブカウンタを搭載して、試験を繰り返した。その結果、急加速・急減速が少ないドライバーほど、事故を起こしにくいことがわかってきた。事故の発

図表2−3　情報取得のためのデバイス別の特徴

デバイス	データの精度	コスト	運　用	対象ユーザー数
カーナビ	◎	◎	○	×
OBD機器	◎	○	×	○
ブラックボックス	◎	×	×	◎
スタンドアローン	○	○	◎	◎
スマートフォン	△	◎	△	○

注:ドライブカウンタはスタンドアローンに入る
出所:ソニー損保(評価は同社によるもの)

生が減れば、支払保険金は減り、それを原資にキャッシュバックすることが可能になる。急加速、急減速をドライブカウンタによって100点満点で算出し、90点以上だと20％、80点以上で15％、70点以上で10％、60点以上で5％の保険料がキャッシュバックされる仕組みとした。

運転特性型の自動車保険を考えてから、機器の開発、実験、保険の設計・認可・発売までに、6年の期間を要した。

テレマティクス保険はコストが命

ソニー損保では、テレマティクス保険の成功要因の1つはコストにあると考えていた。自動車保険は損害保険の中でも利幅が薄く、いかに低コストで運営できるかが事業成功の鍵を握る。

テレマティクス保険の場合、計測機器のコスト、データを収集するコストが鍵になると考えられた。データ収集の方法としてはカーナビやスマホを利用することも検討されたが、第一弾としては、データ取得コストが廉価な前述のスタンドアローンのドライブカウンタを選択した。ドライブカウンタにあえて通信機能を搭載しなかったのは、機器のコストを抑えるためである。

さらにソニー損保は、この保険を販売する前からインターネットや電話でダイレクト販売をしており、流通チャネルのコストは代理店中心の大手損保に比べて安かった。

ソニー損保は、2015年2月「やさしい運転キャッシュバック型」（以下、「やさしい運転キャッシュバック」）の販売を開始した。「やさしい運転キャッシュバック」は、従来の自動車保険に特約を付帯した商品で、契約者が当初支払う保険料は追加補償の特約分もあって割高になるが、キャッシュバックされれば結果的に割安になる。日本ではリスク細分型の自動車保険を発売するためには金融庁の認可が必要であり、運転特性によるリスク細分型保険について、ソニー損保は日本で初めて認可を取得した。

こうして「やさしい運転キャッシュバック」は、ドライブカウンタで計測する加速・減速の発生状況（運転特性）を保険料に反映させる、日本で初めてのタイプの自動車保険となった。「若い」「等級が低い」という理由で保険料が高くなりがちなドライバーでも、「やさしい運転」によりキャッシュバックを受けることで、保険料を安くできる。ドライブカウンタは無償で貸与されるので、契約者の負担はない。

かえって割高になってしまうかもしれないと不安に思う人のために、ドライブカウンタによる計測を無料で試せる「30日間無料トライアル」を用意した。自分の運転特性を熟知しているドライバーはそれほど多くはないからだ。30日間の走行結果が入力されたドライブカウンタをソニー損保に送ると判定結果を教えてくれ、それを見て契約するかどうかを決めればよい。

保険契約後は、一定期間計測した後、カウンタに表示された12けたの数字（申告コード）を専用ウェブサイトに入力すると、点数が60点以上の場合、1週間ほどで指定口座にキャッシュバックされる（虚偽の申告を防ぐため、点数などを暗号化して申告コードを作成している）。

ソニー損保に優良ドライバーがたまる仕組み

テレマティクス保険は説明が難しい保険のため、ソニー損保ではウェブ専用とし、消費者からのプルを中心とすることに決めた。コールセンターは、あくまでも販売のサポートと位置づけた。ウェブでは動画を使って、当保険の契約からキャッシュバックまでの流れを説明し、それを理解した消費者が契約まで進む。

通常の自動車保険を割高に感じる若年の優良ドライバーをターゲットとして発売したが、実際の加入者は、若者も獲得できているものの、通常の自動車保険と同様、ボリュームゾーンの中年層が多数となっている。

また、リピートに関しては、点数が高くキャッシュバックを受けた契約者のリピート率が高く、それに比べてキャッシュバックがなかった契約者のリピート率は低い傾向がある。すなわち年を経るにつれ、ソニー損保には「優良ドライバーだけがたまっていく」仕組みといえる。

一方で、テレマティクス保険の宿命として、市場規模には限界があり、自動車保険全体に占めるシェアを限りなく大きくすることはできない。それは、全ドライバーに占める優良ドライバー比率はだいたい決まっており、シェア10％程度なら優良ドライバーだけが加入することはあり得るが、シェア30％となると優良でないドライバーまでも獲得しなくてはならないからだ。しかし、彼らは保険料が割高になり、この保険にはもともと加入しないため、それは現実的ではない。

保険は認可事業なので、認可申請のための事前のデータ蓄積が必要である。また、膨大なデータを取るだけでなく、それを保険料にどう反映させるかというところにノウハウが必要である。そのため追随企業はあるが、ソニー損保は時間的に先行した優位性を生かし、さらに次の展開に進むことも可能である。なお、「やさしい運転キャッシュバック」に利用した運転特性を反映した自動車保険料算出システムに関して、ソニー損保は特許を申請中である（２０１７年10月現在）。

競合大手が参入しにくい理由

大手損保にとって、テレマティクス保険のニーズがあるのはわかるが、すぐには追随したくない保険である。それには以下のような理由が挙げられる。

第1に、優良ドライバーの母集団は、一般ドライバーと比べて小さい。大手企業が小さな市場に入っていくと、固定費を大幅に削減しない限り、利益率は低下していく。

第2に、現行の保険料体系は用途・車種、年齢などの顧客属性と等級によって決まっており、客観的数値がすぐにわかり、募集コストも少なくてすむ。テレマティクス保険に関しては、ターゲットとなる母集団が小さくなるだけでなく、加入前に運転特性の判定という新たなコストをかけなくてはならない。

第3に、大手損保にとっては、優良ドライバーもそうでないドライバーも、日本全国平均と同じ比率で加入している状態が望ましい。自動車保険の料率は、過去の膨大なデータから損害保険料率算出機構が基準値を示すが、これは全国の平均値に基づいて決められている。ここに各社の特殊性を加味して、保険料を決めている。

しかし加入者が偏ってしまうテレマティクス保険の場合、料率を各社で独自に算定しなくてはならない。どのような料率に決めればよいかについては、過去のデータ、競合他社の動向、消費者の納得性などを勘案しなくてはならず、従来型の自動車保険に比べて、かなり面倒な作業になる。

このような難しさがあるが、競合他社もテレマティクス保険を手がけ始めている。たとえば損害保険ジャパン日本興亜は、日産自動車の「リーフ」限定で2013年に走行情報反映型の自動車保険「ドラログ」を発売した。また、あいおいニッセイ同和損害保険は2015年、大株主であるトヨタ自動車の「Tコネクト」が利用できるカーナビを搭載した車用に、「つながる自動車保険」を発売した。両社とも車種を限定してのスタートだった。

またスマートフォンアプリを活用することで、損保ジャパンは2018年から、運転診断の結果に応じて保険料を割り引く「安全運転割引」を一般向けに開始し、あいおいニッセイ同和損保も2017年中に一般向けの販売を始める予定だ。

さらに法人向けには、三井住友海上火災保険がスマホを利用して安全度を診断し、最も高い評価を受けた企業について、次回契約の保険料を最大6%割り引く保険を、損保ジャパンが、全車両に通信機能付きドライブレコーダーを搭載した企業の保険料を、5%安くする保険を発売している。

テレマティクス保険は世界的な流れであり、大手損保も参入したり、研究し始めている。

しかし、リスクを正しく反映し、顧客にとって納得感のある商品設計にするためには、今までの自動車保険にはないノウハウが必要であり、同質化は簡単とは言えない。

対顧客、対競合、対社会の面で優れたビジネスモデル

ソニー損保のテレマティクス保険のビジネスモデルは、対顧客、対競合、対社会の面で優れたモデルといえる。具体的に優れているポイントを6つ挙げてみよう。

第1は、ソニーの金融会社共通の合理性、公平性という目標に、テレマティクス保険はまさにフィットしたものである。業界の先陣を切って同保険を推進する姿勢は、企業理念の実現という意味でも、顧客志向の徹底という意味でも、ソニーらしさを具現化している。

第2は、運転特性やさまざまな情報を蓄積することによって、将来は膨大なデータを活用できる可能性があり、実現すればソニー本体の情報・通信、デバイス技術とシナジー効果が期待できる（データには走行場所等の個人情報が含まれるため、プライバシーの問題を解決することが必要であるが）。

第3は、大手企業がすぐには追随しにくく、先行者利益を上げられる可能性がある。大手企業が追随しにくい理由は主に2つある。

①市場規模が小さい

この市場が、大手企業が相手にするほど大きくないということである。それゆえに固定費の高い大手損保が参入すると、利益率の低下を招く可能性がある。

②規模の経済性が効きにくい

大手の損保会社にとっては、運転技術という新しい保険料決定要因を加えずに、年齢などの顧客属性と等級を中心とした従来のやり方のほうが募集コストが安く、規模の経済性をそのまま享受することができる。

第4は、優良顧客がリテンションされる仕組みである。テレマティクス保険は毎年優良顧客が累積的にソニー損保にたまっていく仕組みであり、それによってソニー損保の支払保険金は減り、利益は増えていく。一方で、仮に全国の優良ドライバーがすべてソニー損保に乗り換えたとすると、他社の加入者は〝非優良ドライバー〟だけが残ることになり、保険料収入の低下以上に、事故による保険金の支払いが増加し、経営を圧迫することになる。その結果、大手は保険料を引き上げざるを得ないという事態も予想される。

第5は、「やさしい運転キャッシュバック」が普及するにつれ、ドライバーが急加速・急減速を避けるようになり、これによって、交通事故を減らす効果がある。ちなみに英国では、17～21歳のテレマティクス保険加入者の事故率が、75％も低下したという事例も報告されている。

そして第6に、やさしい運転は事故が減るだけでなく、急発進・急加速などが減ることにより、消費者にとっては燃費の向上、社会全体にとっては環境負荷の低減につながるという効用もある。

テレマティクス保険の将来

最後に、テレマティクス保険が今後どうなるのかを、短期・中期・長期の視点から考えてみよう。

ソニー損保はドライブカウンタに通信機能は持たせていないが、短期的には専用機器はスマホやカーナビに代替される可能性もある。機器の追加コストが発生しないという意味で、現時点での本命は損保ジャパンやあいおいニッセイ同和損保も活用を発表しているスマホである。ソニー損保もヤフーと共同で、スマホ向けカーナビアプリから得られる運転特性データを活用した新たなテレマティクス保険商品の開発を始めた。

スマホが計測機器のデファクト・スタンダードとなれば、デバイスに関わる投資が不要になることから、それを機に参入企業が増える可能性も高い。

中期的にはビッグデータが安いコストで取れるようになり、運転特性と事故などとの関係が明確になるにつれて、保険料を決める要因が、年齢などの顧客属性や等級だけでいいのかという議論が高まってくると考えられる。

さらに長期的には、自動運転が普及した場合、自動車保険のあり方自体が根本的に見直される可能性もある。「やさしい運転キャッシュバック」は、「運転技能に差があるから成功するモデル」であり、自動運転などによってドライバーの運転技能に差がなくなれば、その特長が生きなくなってくる。将来、自動運転が当たり前になった場合には、そもそも自動車保険というものが、どのようなかたちで存在し続けるかが、問われてくるであろう。

4 気づかなかったコアコンピタンス

非航空系事業に力を注ぐ——成田空港

「非航空系事業」の知られざる収益力

成田国際空港株式会社（以下、成田空港）は1966年に新東京国際空港公団として設立され、2004年に民営化された。民営化後、国際的にも国内的にも競争が激しくなってきた。国際的には、仁川（韓国）、浦東（中国）、チャンギ（シンガポール）、香港などが、アジアのハブ空港の座をめぐって、割安な着陸料を武器に熾烈な競争を繰り広げてきた。ちなみに、仁川、浦東などは成田空港の半額程度の着陸料としており、競合の多くは年間旅客数1億人ほどを計画している（成田の現状は年間4000万人弱）。

一方、国内では羽田空港の国際線化が加速している。2010年に、4本目となるD滑走路と新国際線旅客ターミナルが供用開始となり、新発着枠7万回のうち、6万回が国際線に割り当てられた。さらに2014年には国際線ターミナルが拡張され、飛行先が格段に増えた。関西空港や中部空港も、国際線を拡充している。

環境変化で伸び悩む航空系収入

空港の収入は、航空系収入と非航空系収入に分けられる。前者は、航空会社からの着陸料、停留料、旅客からの旅客サービス施設使用料、石油会社などからの給油施設使用料からなる。民営化直後、成田空港の収入の7割弱は航空系収入であった。しかし航空系収入は簡単には伸びない。それには次のような理由が挙げられる。

第1に、旅客機の軽量化と中・小型化である。成田空港の着陸料は、現在は航空機の騒音と重量で決まっているが、2004年以前は航空機の重量で決まっていたため、1980年ころのジャンボジェット全盛期は着陸料も増加していた。しかし燃費向上のため航空機が軽量化され、また航空会社がより効率を重視した運航に転換したことにより、大型機よりも中・小型機の運航回数が増え、平均単価は低下傾向にある。

第2に、国際ハブ空港を目指す成田空港としては、これ以上着陸料を上げると、競合する外国の空港にその座をとられてしまうおそれがある。成田空港は実際、伸長するＬＣＣ（格安航空会社）をはじめ、新たな路線を誘致するために、一定の条件を満たせば「着陸料を最大1年間無料」にしている。

このような経緯から、成田空港は経営の安定を図っていくため、航空系収入の拡大を図りつつも、非航空系収入の拡大も目指してきた。

物販・飲食、テナント賃料のリテール事業への期待

一方の非航空系収入には、リテール事業、施設貸付事業（事務所、駐車場使用料など）、鉄道事業（スカイアクセスなどの鉄道施設使用料）が含まれる。この中で多くを占めるのがリテール事業であり、物販・飲食収入と構内営業料収入（テナント賃料）からなる。

成田空港の航空系収入と非航空系収入の構成比をセグメント区分で見ると、図表２−４のように、２０１４年度に非航空系収入が航空系収入を上回るようになった。テナントの賃料は売上に対する歩合で決まるが、ブランド品などの免税品は単価も高いことから、リテール事業を中心とする非航空系収入の利益率は航空系収入の利益率よりはるかに高く、２０１６年度の売上高営業利益率は32％を上回っている（航空系事業は３・８％）。

図表2−4　拡大する非航空系事業

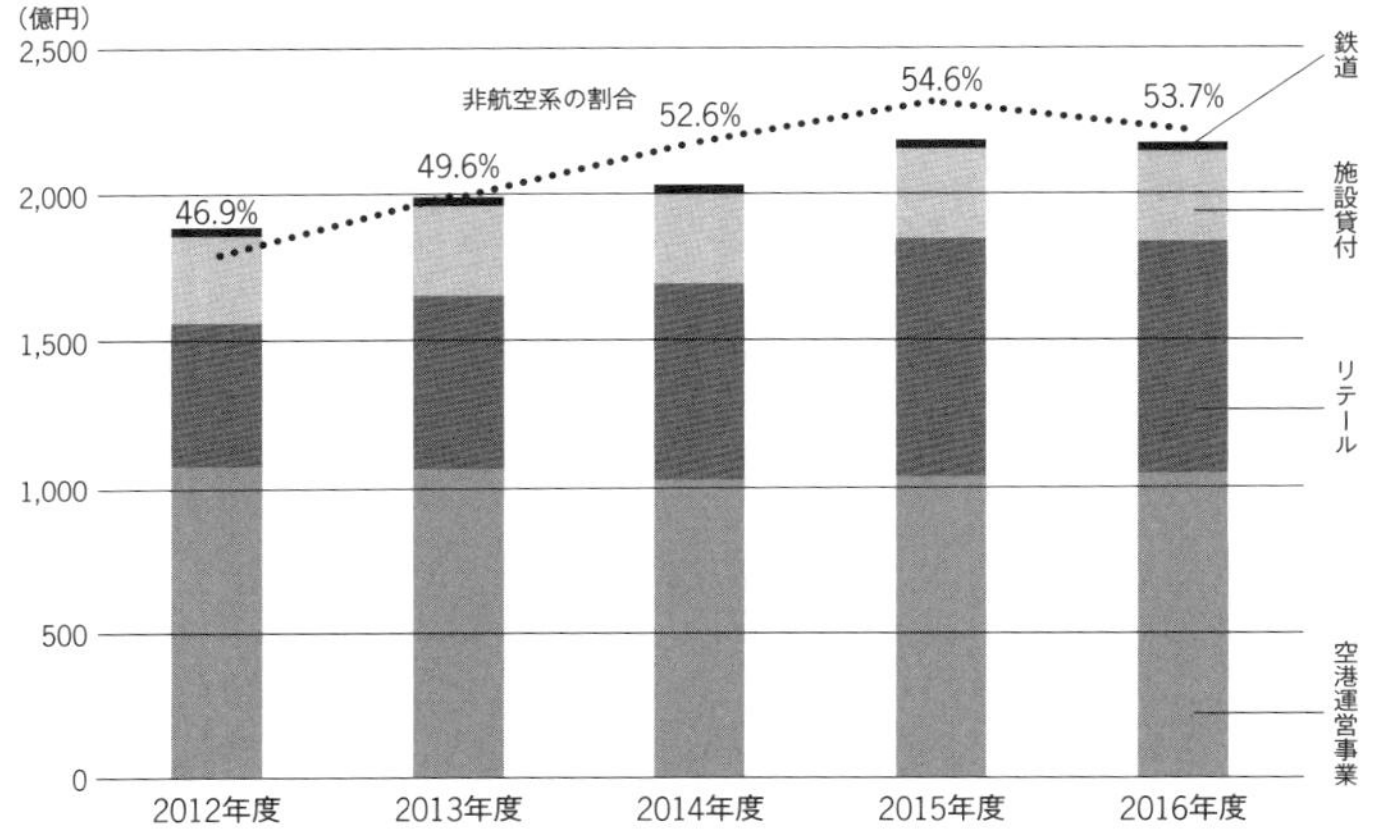

出所：成田空港資料

「場所」と「2時間」という資源

従来国内の空港では、店舗は出国手続き前にあるほうが多かった。それは、「見送りに来る人と会食もでき、乗客に絞ると顧客数が減ってしまう」からであった。しかし、成田空港のリテール事業はこの逆を行き、成功をおさめた。

かつては、出国手続きを経た後は、搭乗口まで多くのスペースがあったものの、そこには小規模な売店のようなものしかなかった。テレビが見られるモニターが設置された待合スペースのほかに、リラックスするための場所もあったが、国際線の場合、出発の2時間前にはチェックインをすませておくことが求められるため、多くの乗客は暇を持て余していた。リテール事業は、この余剰の「場所」

と「2時間」という資源を最大限に活用する事業だったのである。

さらに、2001年に米国で同時多発テロが起き、その後空港のセキュリティチェックはより厳しく、時間もかかるようになった。それゆえ、混雑期に乗客は、より早く空港に来るようになった。

こうしたことを背景に、成田空港では2006年ころから出国審査後のエリアに、免税店やブランドモールが登場した（欧米の有名ブランドブティックの1号店は、2000年開店）。リテール事業推進のために、外部から専門家の中途採用を行い、人材も強化した。

アウトレットモールをしのぐ売上

その後、2014年に第1旅客ターミナルの店舗スペースを800平方メートル増床し、「エアポートモール」をリニューアル。2015年に第2旅客ターミナルでも330平方メートル増床し、物販店「Fa-So-La Tax Free AKIHABARA」をリニューアルオープンした。さらに同年オープンした第3旅客ターミナルでは、計2800平方メートルの免税店とフードコートが登場。2016年には、第2ターミナル「ナリタ5番街」において、免税のブランドブティックを増床している。

その過程において、外部要因も追い風となった。2013年に訪日外国人数が1000万人を超え、このころからインバウンドが注目されるようになった。２０１４年には訪日外国人への消費税免税制度が拡大され、円安も進んだ。また２０１５年から中国人に対するビザ発給要件がさらに緩和され、旅客数も大幅な伸びを示し、いわゆる〝爆買い〟現象も起きた。

こうした結果、成田空港のリテール事業の売上はショッピングセンターのランキング（繊研新聞調査）で、並み居るアウトレットを抑え、２０１３年度から3年連続1位となっている。さらなるリテール事業の追い風として、政府は２０１７年度から、国内の空港に到着した訪日客が、入国手続き前にも免税品を買えるよう、制度を見直す方針である。

免税店エリアに着くまでを「10分以内」に

民営化したといっても成田空港の株式は、国土交通大臣が90・01％、財務大臣が9・99％保有しており、所有状況からいえば国営企業と変わらない。成田空港は、株式上場による完全民営化を目指しており、実現すれば経営の自由度はさらに高まると予想される。

成田空港では、航空系収入と非航空系収入の双方を底上げし、どちらかに偏ることなく、空港経営をより健全な方向に持っていきたいと考えている。アジアのハブ空港として確固たる地位を占めながら、リテール収入でも利益を稼ぐ、バランス経営を目指しているのだ。

空港の運用面では、いかにスムーズに搭乗まで進めるかを目標としている。地上職員によるゆとりを持ったヒューマンな触れ合いも重要ではあるが、調査によれば、いかに早く航空機に乗れるかが、より強く求められる顧客ニーズであった。

そのためIATA（国際航空運送協会）が進める「ファストトラベル」プログラムを推進している。これは旅客が空港に到着し、保安検査場や出国審査を経て、免税店エリアに着くまでを10分以内にすることを目標としているもので、乗客にとっては待ち時間の短縮、航空会社にとっては定時運航、空港にとっては処理能力の向上と混雑緩和がかなうことになる。これが成功すれば、乗客は搭乗前にますますゆとりの時間を持つことが可能になる。

「青い鳥」は自分では意外と気づかない

成田空港の例を見てもわかる通り、企業がビジネスモデルを考えるときに自社のコアコンピタンスを生かすことは重要であるが、何がコアコンピタンスであるかは自分では意外と気づかないことが多い。

同じく民営化を契機に、パーキングエリア（PA）、サービスエリア（SA）をコストセンターからプロフィットセンターに変身させた中日本高速道路（NEXCO中日本）も、そうした事例といえよう。かつては高速道路のPAやSAはトイレ休憩の場所であり、当時はいかに駐車場の回転率を高めるかに注力してきた。

しかし今では、どれだけ滞在時間を長くするかという方針に変わった。ほかの誰も出店できない独占的なスペースが、同社のコアコンピタンスだと気づいたのである。今や同社のPA、SAには、ショッピング、アミューズメントのさまざまな施設が置かれている。

JR各社の駅ナカ事業も同様だ。駅の中の通路がビジネスにおいて一等地であるとは、民営化以前は誰も指摘してこなかった。たとえばJR東日本では、大宮駅で誰もが通路だと思っていた場所に店舗を設置してみたところ、予想外の集客効果があった。それが契機となり、「駅ナカ事業」（エキュート）が本格化し、今では多くの駅が〝一等地〟に店舗を構えるようになった。

民営化によってコアコンピタンスに気づいた例を並べたが、成田空港も安全・安心・定刻・迅速という空港の本質機能を高めながら、一方で海外の空港にも羽田空港にもない、成田空港独自のコアコンピタンスをさらに追求していくことが、競争の激しい業界で生き残っていく鍵となろう。

5

保守サービスの進化で差別化する

快適性と低コストを実現する見えない技術——三菱電機

保守で儲けるエレベータービジネス

私たちが毎日、お金を支払うこともなく乗っているエレベーター。身近な乗り物なので、意識をせずに使っている人がほとんどだろう。そこで改めて考えてみたい。エレベーターのビジネスモデルはどうなっているのだろうか。

世界のエレベーター・エスカレーターの新規設置数は年間約100万台。その3分の2が中国で、次がインドである。一方、日本の新規市場は年間2万台と、世界の中では2％にすぎない。

エレベーターは、そのグレードによって、プレミアム、中級、ローエンドの3つに分けられる。ローエンドは主に新興国のエレベーターメーカーが占めており、日本メーカーは、高級ホテルに入るようなプレミアムと、台数を取るためのボリュームの大きい中級に参入している。

三菱電機は、国内では長い間トップシェアの座を守り続けている。三菱電機のほか、日立製作所、東芝、フジテックの日本勢と、オーティス、シンドラー（新規は撤退）の外資の計6社で、国内市場は寡占状態にある。三菱電機ではエレベーターとエスカレーターを合わせて昇降機事業とし、台数比では9対1の割合でエレベーターが多い。

業界全体の収益構造は、ハードはとんとんである一方、保守でゆっくり回収していく仕組みである。

ジレットモデルを脅かす影

従来、エレベータービジネスは〝ジレットモデルの優等生〟として、ハードを納めた後、長く保守で儲けるビジネスモデルで有名であった。しかし、このモデルも、維持することが容易ではなくなってきた。

エレベータービジネスの顧客は、ハードと保守とで異なる。本体と設置に関しては、ゼネコンや施主が顧客になるが、保守は住宅の場合は管理組合、オフィスビルの場合は管理会社となる（公共部門への納品の場合は、顧客は同一になる場合が多い）。「ハードを安くして、保守で儲ける」というビジネスモデルは、顧客が同じ場合には進めやすいが、別のときは各々の財布の大きさを考える必要がある。この財布の大きさとバランスに変化が生じつつあるのだ。

エレベーター本体の顧客であるゼネコンの財布はもともと大きかったが、近年の建設費高騰の中、エレベーター費用を抑える傾向が強くなってきた。一方の管理組合、管理会社の財布はゼネコンに比べて小さく、大幅な値上げは難しい。さらに独立系の保守専門業者が、シェア拡大のために低価格攻勢を強めている。こうしたことからジレットモデルの維持は、だんだん難しい状況になってきている。

一方、設置から20〜24年目になると、本体のほうで再度ビジネスチャンスが訪れる。エレベーターの更新（モダニゼーション）だ。エレベーターの税法上の法定償却耐用年数は17年だが、機能的寿命は20〜24年目あたりで、メーカーはこのタイミングで更新の提案をする。しかしモダニゼーションは、20年たったころに突然訪問して獲得できるものではなく、保守を通じて顧客との関係を継続しているからこそ、こうした営業が可能になる。日ごろの保守スタッフと、住宅およびビル管理者との良好な関係がベースとなっているのだ。

ＩＴで保守コストを削減

エレベーターがビルの数を超えて、急に増えることはない。収入を急に増やすことが難しいとなると、持続的なコスト削減が必要となるが、これもそれほど容易ではない。エレベーターは、何にも増して安全が第一である。カゴをロープで吊るすという物理的な構造は変えることができず、故障の程度によっては重大な事故につながる可能性もある。事故が契機となり、日本から撤退を余儀なくされた海外メーカーさえある。

そのため建築基準法で、所有者、管理者に対して「常時適法な状態に維持するよう努めなくてはならない」と定められ、保守が義務づけられている。いわば、〝法的後押しのあるジレットモデル〟だ。

以前は労働集約的な面が強かったエレベーターの保守だが、最近ではインテリジェント化が進んでいる。三菱電機の場合、保守を行う三菱電機ビルテクノサービスが電話回線を通じて常時エレベーターの状態を把握している。

たとえば、早朝４時ころに、誰も乗っていないエレベーターが上下している光景を見たことはないだろうか。これは、幽霊が乗ってボタンを押しているわけではない。エレベーターのリモート点検システムが稼働しているのだ。ここ20年ほどの間に製造された乗用エレベーターには、リモート点検システムがほぼ設置されている。

リモート点検システムは、遠隔点検と遠隔診断の2つからなる。前者は24時間、365日、故障につながるおそれのある変調を見逃さず、センターに自動通報し、故障を未然に防止する。後者は、通常運行とは異なる状態を意図的に作り出し、診断する。たとえば、利用者の少ない深夜などに、満員時の2倍のトルクをエレベーターに加えてブレーキを診断したり、ドアの駆動力を落として開閉にかかる時間を計測し、敷居溝への異物混入などを診断する。これにより、作業員が現場に行かなくても点検・診断が可能になり、たとえば毎月足を運んでいたものが3カ月に一度ですむようになる。

さらに、事前にエレベーターの状況を把握しておくことにより、作業員が保守に行ったときに、とりかかる作業の優先順位が前もってわかるため、短時間で効率的に作業を進めることができる。建機にGPSとセンサーを搭載したコマツのコムトラックス（KOMTRAX）と同じような効果が、もたらされていることになる。

新興国で絶大なフラグシップ効果

保守のIT化は人件費削減や作業効率の向上にはつながるが、少なくとも日本市場においては競合との差別化にはつながりにくい。日本では、エレベーターの品質は「良くて当たり前」だからである。

たとえば香港では、第三者機関により、エレベーターの保守ビジネスにレイティングがなされている。故障の頻度はもちろん、修理に駆けつけるまでの時間なども評価対象となっている。しかし日本にはこうした認証制度もなく、国産大手３社の間では、品質で差別化を図るのは難しいレベルにある。

そうした中にあって三菱電機は、１９３４年に日本で初めてエレベーターを発売して以降、目に見えるかたちで技術的フラグシップを掲げることを目指してきた。１９９３年に横浜ランドマークタワーに設置したエレベーターでは、高速でも床に立てたコインが倒れないという快適性をアピールした。また最近では、営業運転速度で世界最速（時速73・8キロメートル）のエレベーターを上海のビルに設置したが、これは乗客を速く運ぶということ以上に、フラグシップ効果が大きいという。

エスカレーターでも、世界で初めて螺旋状のモデルを実用化し、横浜ランドマークタワーなどに設置した。螺旋型のエスカレーターは、はるか昔の１９００年ころに米国メーカーが試みたが、失敗していた。開発・製造・据え付けのいずれの段階にも非常に高度な技術的な課題があることから、これも同社の技術優位性をアピールするものになった。

こうしたフラグシップを掲げることは、特にアジアのマーケットでは大きな意味を持つ。「三菱製のエレベーターを設置していること」がその建築物の価値を高めるからだ。マンションのパンフレットにエレベーターのメーカーの名前が記載されていることからも、販促面で大きな意味を持つことがわかる。

ちなみに、エレベーター、エスカレーターにブランド名を表示することは、施主が認めた場合のみ許されている。

快適性とコスト削減を実現するハイテク

エレベーターは、ただ上下するための乗り物ではない。住む人、働く人に快適に移動してもらうための、黒子の役割も担う。三菱電機が現在進めているエレベーター行先予報システムは、それを具現化したものだ。

利用者がエレベーターに乗り込む前に行先階を指定することで、複数あるエレベーターの中から最適なエレベーターを案内し、最少の停止階で目的の階に行けるようにするものである。同じ階に行く利用者をまとめて乗せることで、朝夕のラッシュ時などの行列が減り、運行効率がアップする。利用者も混んでいるエレベーターの中で階数ボタンを押す必要がなくなり、停止回数が減るため早く目的階に着くことができ、かつ省エネルギーにもなる。

さらに、ビルの入り口部分にあるセキュリティゲートでＩＤカードなどと連動させれば、行先階を指定する行為自体が必要なくなり、セキュリティとスピードの向上が同時に実現される（カードの中に、勤務階を入力しておく必要がある）。同様のシステムは、欧米のエレベーター会社が先行したが、日本でセキュリティシステムと連動させたのは三菱電機が最初であった。

このシステムは、管理会社にもメリットがある。エレベーターが団子運転にならないようにする群管理システムと行先予報システムによって、省エネが実現されるからだ。行列が短くなることよりも、管理会社にとっては「コストが下がる」ことが導入の決め手となる。

三菱電機はまず自社の本社ビルに行先予報システムを導入した後、それを〝モデルルーム〟として、他のビルへの導入を進めている。さらに、ハードだけでなく、カゴの中のセキュリティや空調、照明などの管理も行っている。空調、照明などは、まさに三菱電機の総合力が発揮できる分野であるが、警備などは専門の会社と提携している。

シナジーが求められるエレベータービジネスの未来

これまでのエレベータービジネスは、バンドリング（バリューチェーンのすべてを同一企業・グループが行うこと）によって、グループ内に価値をとどめてきた。しかし、IT産業と同じように、今後はアンバンドリング（バリューチェーンが解体されること）が進むかもしれない。現に競合の日立製作所は、それを見越して英国で全メーカーの保守だけを行う会社を買収した。

海外では、大きなビルになると複数の会社のエレベーターが設置されており、誰かがまとめて元請けとして保守を行い、安全性とコスト削減の両方を実現する管理会社も現れている。GEが行っている、他社製の航空機エンジンのメンテナンスを一括して受けるようなビジネスが、メーカーごとの違いが大きく簡単ではないが、エレベーター業界でも、時代の流れとして、求められてくるであろう。

こうした時代には、単品としてフラグシップ商品を持つだけでなく、空調、照明、セキュリティなどのビルシステム、さらには動く歩道などの公共システムとのシナジーも期待されるようになるため、三菱電機はもう一段ギアを上げる必要があろう。

その際には、これまで自前主義で企業買収の経験が少なかった三菱電機にも、M&Aによる事業立ち上げのスピードアップが求められるかもしれない。

6 スタディサプリの顧客は誰か

2けた違う圧倒的な低価格——リクルート

所得や地域による格差をなくす

現リクルート・マーケティング・パートナーズの社長山口文洋氏は、2011年に「スタディサプリ」の原型である「受験サプリ」のビジネスモデルを考案した。当時は「iPhone」やYouTubeが浸透してきたころで、若者のスマホ所有率も高くなっていた。

当時の予備校業界は、老舗の河合塾、駿台、代々木ゼミナール（2014年に大幅縮小：高宮学園）が伸び悩む中、東進ハイスクール（ナガセ）が高い利益率を上げていた。老舗3社と東進とは、そもそもコスト構造が違っていた。

老舗3社は、全国に校舎を展開し、講師を抱え、マイクで授業を行っていた。これに対して東進は、人気講師はすべて東京・吉祥寺におり、衛星やビデオで授業を発信する。これによって人件費を大幅に抑え、授業の品質を均一化していたのである。

こうした東進のやり方を見て、山口氏はまったく違うビジネスモデルを考えていた。人件費という固定費を抑えるだけでなく、校舎という大きな固定費をなくした〝学習塾〟を考えたのである。

当時、小学校1年生から高校3年生までの生徒は、日本全国に約1200万人いたが、その中で塾に通えていたのは半数であった。残りの半数の中には、私立学校などに通っていて十分な補習が受けられる子どももいたが、経済的理由で塾に通えない層、地方在住のために地理的に塾に通えない層、そして親から放任され、塾とは無縁な層も多く含まれていた。

すなわちスタディサプリは、「所得や地域による教育格差をなくす」という社会的使命が、起業の契機となったのである。

B to Cから、B to B to Cへ

リクルートは2011年12月に、受験情報を提供する受験ポータルサイトを通じて、全国の大学入試の過去問を無料で読み放題とする事業を開始した。これは、大きな投資も研究開

発も必要とせず、社内で承認されやすかった（ただし過去問題の著作権に関しては、注意を払った）。

その後山口氏は、韓国で急成長しているオンライン予備校があることを知り、「有名講師の授業を低価格で提供すれば成功するのではないか」と考えた。そこで有名な予備校講師を囲い込み、2012年に「受験サプリ」という名で、英語と数学の10回講座を、1科目月額5000円でネットで提供し始めた。知名度を一気に高めるため、大量のテレビCMも投入したが、有料会員は当初目標の10分の1の200名ほどしか集まらなかった。

社内ではさまざまな議論が出たが、月額100円台のものが多いスマホアプリの中にあって、予備校に比べれば安いとはいえ、月額5000円は高すぎるという結論になった。そして設定されたのが、5教科8科目の全講座を月額980円で無制限に視聴できるという価格であった。

受験サプリは、BtoCの一本釣りから始まった。〝放課後に必要とされる教材〟のため、現場の教員からは反発されるか無視されると考えていたからである。

しかし、いざ開始してみると、ほどなく10校ほどの高校から問い合わせがあった。「学校が提供する教育インフラの1つとして、受験サプリを使えないか」というのである。そこでリクルートは営業担当者に高校を回らせて、ニーズを探った。その結果、同様のニーズが強いことがわかり、2013年度には累計で150校の学校需要を開拓するに至った。

現場の教師にも受け入れられる

リクルートは、いったんターゲットを決めると、その市場を開拓する強力な営業力を持っている。過去のリクルートのコンテンツ（雑誌やウェブ）は、そうしたコアコンピタンスを武器に、他社を圧倒してきた。

２０１５年には採用校は７００校を超え、加入者は25万人を超えた（個人で会員になっていた生徒は、学校単位で加入すると個人会員を解約し、学校会員となった）。

採用校は、偏差値のあまり高くない高校が多くを占めた。実は高校の現場では、生徒の二極化が問題となっていた。すなわち、生徒の学力は正規分布ではなく〝２コブラクダ〟状態だった。授業が物足りない層と、授業についていけない層の２つに分かれており、授業は平均に合わせて行われるため、多くが満足していなかった。

受験サプリでは、リクルートが提供する「到達度テスト」を受けることによって、これまでの学びのどの箇所でつまずいているかが、個人別に明らかになる。単に模擬試験の点数が何点かという結果ではなく、１人ひとりの強み・弱みが把握でき、各人ごとにカスタマイズされた苦手克服プランが作成できる。

また、リクルートに蓄積されたビッグデータとＡＩ技術を組み合わせることで、学習過程のある箇所でつまずいた生徒が、後の学年に習うどの部分でつまずきやすいかという「つまずき予測」も可能になった。本人も気づいていない問題を事前に指摘することで学習意欲が維持され、解けなさそうな問題が前もってわかれば、教師もそこに十分な時間をかけられる。逆に、授業が物足りない層や、偏差値の高い受験校では、受験サプリによって、先取り学習が可能になった。

このように受験サプリは、生徒を助けるだけでなく、教師の教え方にも変化をもたらした。学校で教えなくてはならない内容は、教科書が検定教科書であることから、全国で標準化されているが、これはサプリを使うことで、より効率的・個別的対応ができる。そこで浮いた時間を、反転学習やメンタリング、コーチングなどに割くことができる。こうして教師の仕事を見直す契機ともなった受験サプリは、２０１６年には全国５０００校の高校のうち、９００校が採用するようになった。

総務省は２０２０年までに全国すべての小中高校に無線ＬＡＮを導入する方針であるが、２０１６年3月現在、普通教室についてはいまだ25・９％[*3]にとどまっており、サプリのさらなる普及にはこれがネックになっている。

競争と協調

２０１５年には、小中学生用に「勉強サプリ」を始めたが、「勉強」というネーミングが

「やらされている感」を与えてしまうことから、2016年からはすべての教材を「スタディサプリ」に改称した。

スタディサプリの競合企業は、塾や予備校だけではなくベネッセも挙げられるが、現状ではベネッセの会員数はリクルートに3倍近く引き離されている。

2016年7月には、オンライン学習分野に低価格の競合が新たに誕生した。学研ホールディングスが就学前幼児から中学生を対象に、1コース月500円から利用できる「学研ゼミ」を始めたのである。

学研はコストを下げるため、NTT東日本が学習塾向けに運営してきた「スマートスタディ」をプラットフォームに利用した。コンテンツにはアバターを登場させ、ゲーム感覚で楽しく学んでいくことを特長としている。

そのほかに、独自の仕組みで成長してきたのが公文教育研究会（以下、公文）であるが、リクルートは公文とは共存の道を探っている。スタディサプリは小学4年生からしか提供しておらず、小学3年までは公文のようなフェイス・トゥ・フェイスの反復学習のほうが効果的だと考えているからだ。3年生まで公文を続け、そろそろ塾にでも通おうかと考えている4年生を、スタディサプリの入り口と考えている。公文とは、〝競争しない戦略〟を採ったのである。

新興国への展開

国内市場は少子化でいずれ頭打ちとなることから、リクルートは2015年に英国の教育ベンチャー会社クイッパーの全株式を約48億円で取得した。同社は、先生向けのＬＭＳ（ラーニング・マネジメント・システム）を提供し、現在はインドネシア、フィリピン、メキシコ、英国で事業を行っている。スタディサプリは、このクイッパーのプラットフォーム上で開発、運営されている。

２０１６年からはインドネシアで、ＬＭＳにスタディサプリと同様の生徒向け学習機能を搭載し、提供を始めた。インドネシアは急速に経済成長している国であり、かつ子どもに高い学歴をつけさせることが幸せへの道であると考える親が多い。すでに塾、予備校もあるが、交通インフラが悪く、夜間に子どもが塾に通う危険もあった。

一方で、スタディサプリは欧米では展開しにくいと考えられる。たとえば米国の大学は、一発のペーパーテストだけで選考しない。ＳＡＴと呼ばれる地頭の良さを測るテストや、高校での書類、ボランティア活動などを総合的に判断して、アドミッション・オフィスが時間をかけて選考していく。このような国では、スタディサプリの特長は生かしにくい。

スタディサプリは、一発試験が主流の中国や韓国などアジア諸国のほうがフィットしているといえる。

予想外の顧客層の拡大

リクルートは、2017年3月から高校1年生から浪人生までを対象とした「スタディサプリ合格特訓プラン」を開始した。これは月額9800円と通常のスタディサプリより1けた高いが、既存のスタディサプリに加え、生徒1人ひとりに担任コーチを付けて、志望校合格に向けて、何を、いつ、どれだけやればよいかという道順を示す。受験勉強に伴走しながらコーチングすることで、さまざまな問題を乗り越える支援をする。ほうっておいても1人で勉強できる層ではなく、1人では自立できない受験生をターゲットにしている。

コーチには、難関大学に合格した現役の大学生を、指導力を重視した厳しい面接で選抜した。質問の内容は教科から生活まで幅広いが、実際に多いのは生活関係である。特に地方の受験生にとっては、周りに現役の大学生がおらず、相談する相手がいない。そうした生徒に伴走者を付けてあげる価値は小さくない。

また別サービスとして、中学生から社会人までを対象とした「スタディサプリENGLISH」を、月額980円で2015年から開始している。話す力、聴く力を伸ばす動画プログラムで、2017年8月には、そのアドバンスコースとして、TOEIC対策に絞った月額2980円のコースも加わった。

こうした製品ライン拡張の背景には、多様な顧客層がある。スタディサプリを始めてみる

図表2−5　拡張する製品ライン

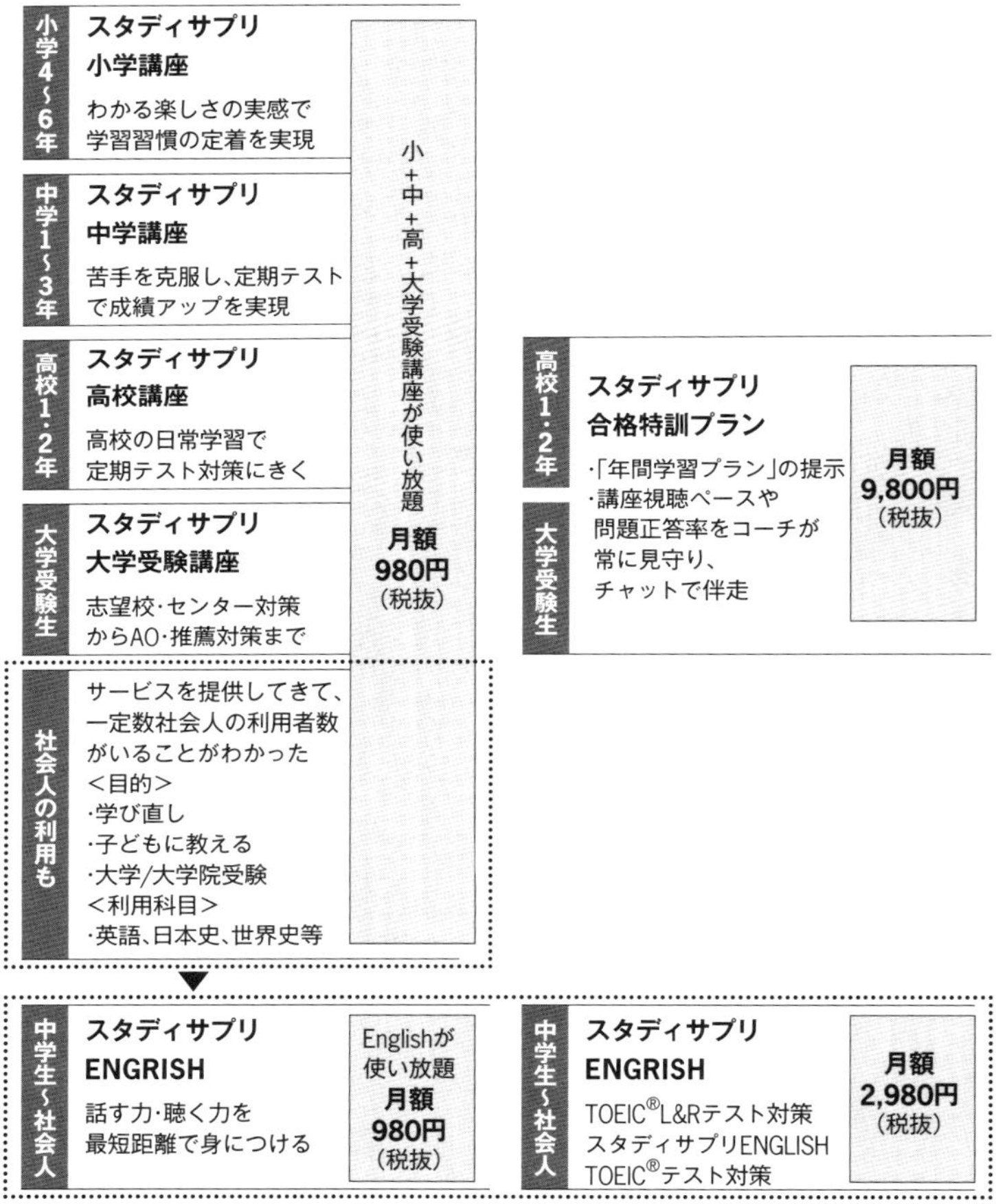

と、受験生ではない予想外の顧客が利用している事実が明らかになった。社会人の利用である。社会人に1番人気があったのが英語（特に英文法）、そして日本史、世界史であった。内容は受験生向けにもかかわらず、社会人の「学び直し」のニーズが、スタディサプリとマッチしたのである。さらには、子どもに勉強を教えるために親が学習したり、大学院等の受験に備えるために利用する社会人も出てきた。

ネットの世界は、時間的・空間的制約もなく、かつユーザーの制約もない。スタディサプリの展開は、リクルートの今後の事業展開に重要なヒントを与えてくれるであろう。

月額980円で事業が成り立つのか

以上がスタディサプリの概要であるが、最後に少し分析を加えてみよう。

中核であるスタディサプリに関しては、はたして月額980円で本当に事業が成り立つのであろうか。日本の高校生は2017年現在、全国に330万人いるが、その半分が加入したとしても、事業規模は980円×12カ月×165万人で年商194億円にしかならない。これではリクルートの年商1兆8400億円（2017年3月期）に比べて小さすぎる。

前段でBtoCからBtoBtoCへの転換を述べたが、リクルートの得意なビジネスモデルは、リクルートから見て、川上（B）と川下（C）の両方に顧客がいる通称「リボンモデル」である。*4

リクルートはもともと大学、専門学校の広告事業を行ってきた。大学、専門学校も少子化の影響を受け、定員割れに悩む学校も少なくない。こうした学校にとっては、潜在的な受験生にどうやってリーチできるかが悩みであった。

一方でスタディサプリに参加する高校生は毎年増え続け、2017年2月には累計有料会員は42万人を超えた。スタディサプリで提供する模擬試験の結果や視聴されるコンテンツによって、アクセスする高校生のレベルも把握することができるようになっている。

ここにこそ、リクルートのリボンモデルが使えるのではないだろうか。すなわち、スタディサプリのサイトを開く高校生のレベルやニーズごとに、各自に合った大学、専門学校のバナー広告やコミュニケーションが提供されれば、究極のワン・トゥ・ワン教育ポータルサイトになる。このような展開があれば、BtoC、BtoBtoCに続く、もう1つのビジネスが展開できる可能性がある。

リクルートはスタディサプリに関しては、これまで得意としてきたビジネスモデルを封印し、まったく新しいモデルを構築しようとしてきた。このモデルを今後も貫いていくのか、得意なモデルも加えていくのか、今後が注目される。

＊　＊　＊　＊　＊　＊　＊　＊

本書の冒頭で紹介したエプソンは、既存の「ジレットモデル」を否定する事業を、同じ事業部で行うことによって、カニバリゼーション問題を回避してきた。

ソニー損保は、常に合理性を求めて商品開発を進めてきたが、多くの企業がテレマティクス保険に参入してきており、先発者の優位性をどのように発揮するかが求められている。

成田空港については、航空系収入と非航空系収入の間にカニバリゼーションはないが、政府が株式の多くを保有する会社として、両社をバランスよく伸ばしていく必要があろう。

三菱電機では、かつてハイテクが総崩れした1997年3月期において、連結当期利益の95%を「エレベーターおよびビルの管理」が稼ぎ出したという歴史がある。[*5] エレベーターの保守にハイテクを使いながら、ハードとサービスの両輪のバランスが求められている。

最後にリクルートは、同社が得意としてきたBとCの両方の顧客をつなぐ「リボンモデル」を封印し、スタディサプリを開始した。しかし上市してみると、想定外の顧客のニーズが顕在化し、ビジネスモデルのバリエーションをどこまで増やすのかが注目される。

7 ベンチャー・中堅企業のビジネスモデル

大手との同質化を回避する

ベンチャー・中堅企業のビジネスモデルは、基本的に経営資源の量がいまだ十分ではないことから、大企業とは戦わないニッチ戦略をいかに実行できるかが鍵となる。

ベンチャー・中堅企業が開拓した市場が十分小さい場合には、大企業は固定費が高いため、あまり小さい市場に入ると赤字になってしまうので、静観を続ける場合が多い。しかし市場がある規模を超えると、大企業の新規事業の規模としても、社内で認められるようになり、参入してくる可能性が高くなる。こうなった場合には、大手企業の同質化を招かないような戦略の工夫が必要である。

本項では自ら市場を創出した企業事例として、余剰医療品を他の薬局で再活用するリバイバルドラッグ、アマゾンのノウハウをもとに生まれたＩｏＴのソラコム、質・量ともに圧倒的な事業所データを営業支援システムに提供するランドスケイプ、主婦をターゲットにした健康教室のカーブスの４つを取り上げてみよう。

8 余剰医薬品をポイント入札で再活用

「買い取らない」という戦略——リバイバルドラッグ

膨大な量の医薬品が廃棄されている

年間100億円分以上の薬が、期限切れのために薬局で廃棄されている。患者が処方箋を持参すれば、薬局はたとえ在庫がなくても調達し、薬を提供する義務がある。しかし医薬品の納品ロットは大きいために余剰在庫が発生し、一方では使用期限があることから、多大なロスが生じていた。

リバイバルドラッグは、神奈川県を中心に8店舗を持つ調剤薬局「カバヤ薬局」の子会社であり、2003年に設立され、「リバイバルドラッグ」というサイトを2006年に立ち

図表2−6　リバイバルドラッグの仕組みと手数料

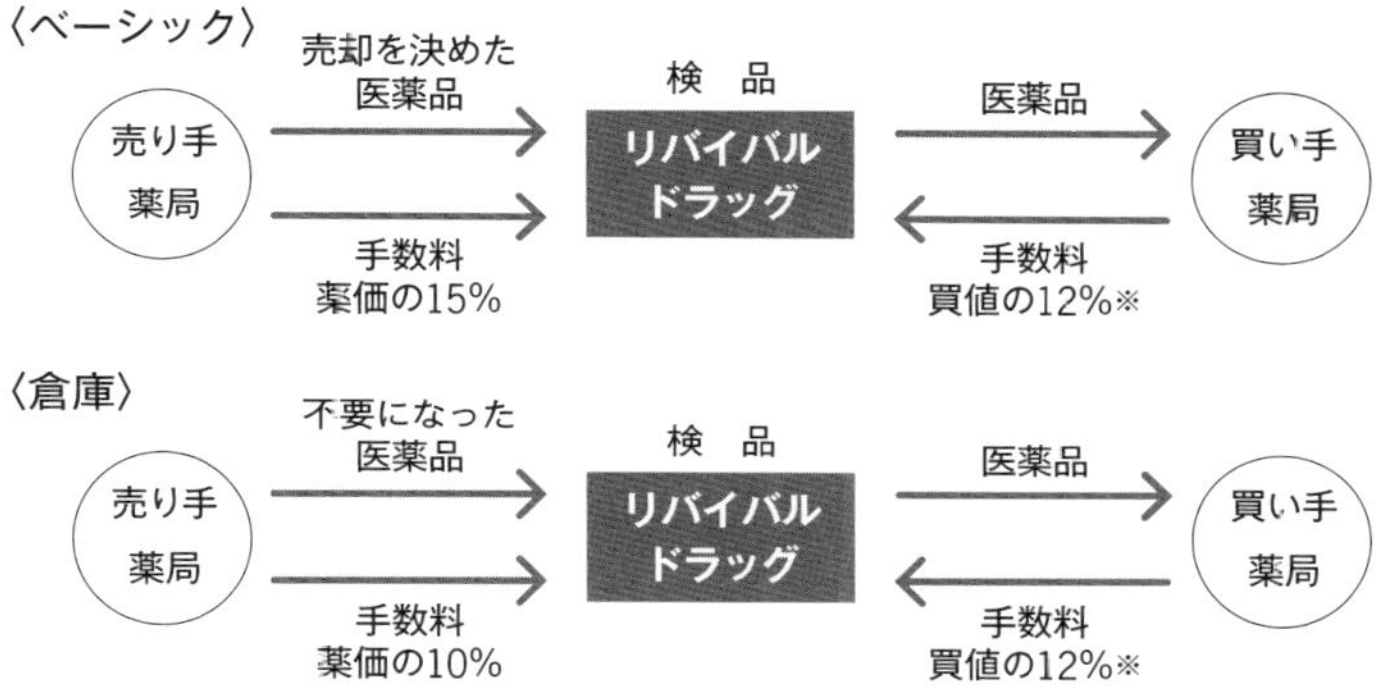

※1万円未満の場合は1,200円（税抜）

上げた。このサイトは薬局で余った医療用医薬品を、それを必要とする別の薬局や病院へ販売する仕組みである。

リバイバルドラッグは、〝現金問屋〟と呼ばれるような、余剰品を買い叩いて仕入れて売りさばく会社ではない。同社は売買の仲介をしているだけで、売り手と買い手の双方から手数料を得るビジネスである（帳簿上、委託販売と同様に在庫は売り手の薬局上にある）。

売り手の薬局は、「リバイバル・ベーシック」と「リバイバル倉庫」の2つの方法が選択できる（図表2−6）。

「リバイバル・ベーシック」は、売り手の余剰医薬品を、売り手側が任意の金額で当サイトに掲載し、その医薬品を必要とする会員薬局が、金額・数量を確認したうえで購入するシステムである。買い手が決定してから、売り手は医薬品をリバイバルドラッグに送付し、リバイバルドラッグが買い手に送る。

一方「リバイバル倉庫」は、売り手となる会員薬局から預かった医薬品を、リバイバルドラッグで検品のうえ一時保管し、買い手となる会員薬局が必要とする医薬品を購入するシステムである。現在、リバイバルドラッグの売上の95%が、リバイバル倉庫の売上である。

薬局は薬剤師法により、「調剤を拒んではならない」と定められている。1人しか服用しない薬であっても、薬局は処方箋に書かれていれば用意しなければならない。

一方で、医薬品は「箱買い」が原則であり、ロットは大きい。さらに、通常3年の使用期限がすぎると、廃棄しなければいけない。薬は一般ごみとして廃棄できず、委託業者への廃棄費用がかかる。

1つの薬局での年間廃棄金額は平均20万円ほどで、全国に5万7000軒の薬局があるため、日本全体での破棄金額は年間100億円と推定される。これに院内処方している病院の薬を加えると、100億円をはるかに超える潜在市場がある。

リバイバルドラッグの事業開始当初は、余剰医薬品を売る薬局は多かったが、購入する薬局は少なかった。「中古の薬」という先入観があったからである。そこで同社は「リ・ニード・ドラッグ（Reneed Drug）」と命名し、出品者に「買い」も勧めた。現状では、売るだけの薬局が9割で、1割が売りも買いもする薬局になった。

出品されたうち、買い手がつかず最終的に廃棄するのは全体の2%程度であり、この廃棄コストはリバイバルドラッグが負担している。

眠っている医薬品を結びつける仕組み

リバイバルドラッグのリバイバル倉庫のビジネスの流れは、次のようになっている。

ステップ1：薬局で余剰品が生じる

余剰品が生じる理由には、以下のようなものがある。

前述のように、薬局はたった1人の患者のためにも薬を仕入れなくてはならない。しかし医薬品のロットは大きいため、余る場合がある。また、ある患者のために仕入れていても、継続的に処方されていた薬が変更されて、まったく処方されなくなることもある。さらに製薬会社がパッケージ変更や剤形の変更をすると、使用できなくなる場合もある。こうして多くの薬品が、薬局で眠り続けることになる。

ステップ2：薬局が余剰品をリバイバルドラッグに送る

リバイバルドラッグには、全国2700余りの薬局が会員登録している。薬局は、余剰品をリバイバルドラッグに着払いで送る。しかし、この段階で〝販売〟はしておらず、帳簿上は薬局の在庫のままである。それが売れたら売り手側の売上になり、廃棄されたら売り手側の棚卸廃棄損になる。

リバイバルドラッグでは送られてきた薬を1品ずつ検品し、写真を撮り、使用期限別に分類する。医薬品のトレーサビリティは、ここで確保されている。

ステップ3：出品と購入

リバイバルドラッグは、薬局で不要とされた医薬品をネットに掲載して公開する。出品初日の掲載画面を「リバイバル倉庫ＢＩＤ」と呼んでいる。

公平性を追求したポイント制

事業開始時は、ネットに掲載後の先着順で購入者を決めていたが、申し込みの開始時刻に買いが集中したためにシステムがダウンすることが多く、買えない薬局からは苦情が寄せられた。

そこで同社は先着順をやめて、オークション制を導入した。しかし、オークションで値段が吊り上がっていくと、卸から買う価格に近くなってしまい、リバイバルドラッグで買う魅力が薄れるという問題が出てきた。また、体力のある薬局が買い占めたり、常連客が幅をきかせすぎ、新規の客が入りにくくなってしまった。常連客を2～3割にとどめたいと考えていたリバイバルドラッグの思惑からも外れてきた。

さらに薬局には、購入価格を「固定したい」というニーズがあった。売値は薬価で決まっているため、購入価格が決まれば利益があらかじめ確定できるからである。オークションでは、購入価格が確定できない不安が残った。

そこで同社はオークションをやめ、ポイント制に改めた。これにより、買い手が自社の利益を確認してから入札できるようになった。

入札時間を定め、時間内に最も高いポイントを入札した薬局が購入できるようにした。朝9時に新しく入荷した商品がサイトにアップされ、有料会員は夜8時まで、無料会員は夕方5時までポイントを入れられる。購入者は、価格と数量、使用期限を勘案して購入を決める。夜8時をすぎると、落札者はすぐに決まり、落札者にメールが届く。

入札時に、どの薬局が何ポイント入れたかは、他の会員にはわからない仕組みになっている。そのため、どうしてもほしい薬局は、多くのポイントを投入することになる。リバイバルドラッグの有料会員になると、月額2000円で5000ポイントが付与され、追加費用を払ってポイントを追加購入することもできる（これは、オンラインゲームのアイテム購入にヒントがあったという）。ポイントは毎月付与され、有効期限は最後に使った月から2年間である（これは、家電量販店のポイントの有効期限にならったものである）。また、自局の薬を売ったときにもポイントが付与され、このポイントを利用して薬を落札することもできる。

入札者は、薬局にとって利益率の高い医薬品に多くのポイントを入れる傾向があり、人気商品は有料会員が落としていく。一方で無料会員は利益率のそれほど高くない商品を購入してくれる傾向があり、一定の棲み分けができている恰好だ。このようにポイント制に移行した結果、少数の薬局の買い占めが減り、多くの薬局が少しずつ買えるようになった。

入札者が1社のときと、入札をしたが落札できなかった薬局のポイントは、その薬局に返却される。またサイトにアクセスするだけで、毎日3ポイントが薬局に付与される。そのためSEO（検索エンジン最適化）対策業者に金を払わなくても、リバイバルドラッグは検索サイトの上位に掲載されるようになった。

薬局がリバイバルドラッグを利用するメリットは、第一に必要な医薬品を必要な量だけ購入することができる点だ。これはロットが大きい医薬品の世界では大きなメリットである。第二は、高価な薬を安く仕入れることができることにある。消費者が薬局に払う薬の価格は、薬価で定められているため、仕入価格との差額は、そのまま薬局の利益となる。

なお、掲載初日に買い手がつかなかった薬はBIDからリバイバル倉庫に移動され、期限が来るまで出品され続ける。

ステップ4：リバイバル倉庫での販売

リバイバル倉庫での売価は、使用期限までの長さで決まる。1年以上なら売価の70％、1年未満なら60％と、その後徐々に下がっていく。そこでも売れなかった薬は、使用期限を迎えた時点でリバイバルドラッグの費用で廃棄される。2015年度では、取扱品目のうち2％ほどが破棄された。

このような4ステップを経て、事業は回っている。

還元セールでも損をしない仕組み

リバイバルドラッグは、先着順、オークション制を経て、ポイント制というユニークな仕組みを取り入れた。実はこのポイント制、米国の大学で履修科目を登録するフェアな仕組みとして研究・実践されてきたものと同じである。

有名なのは、ミシガン州立大学の仕組みであり、同大学では、学生に一定ポイントを配布する。学生は自分が履修したい度合いに応じて、科目にポイントを入札していく。どうしても履修したい科目が1つあり、他はどうなってもいいと考える学生は、その科目に全ポイントを入れるかもしれない。履修したい科目が3つある学生は、3科目にポイントの多くを投じ、残りの科目にはわずかなポイントを入れるかもしれない。

教員側は、教室のキャパシティも考え、入札ポイント数の多い学生から履修を認める。誰がどの科目に何ポイント入れたかは、公開されない。こうした仕組みは、他の大学でも採用されており、日本でも琉球大学で採用されている。

興味深いのは、こうした米国の大学の仕組みをまったく知らずに、リバイバルドラッグがポイント制の仕組みを考え出したことである。2016年11月には、会員への還元セールとして、有料会員に6000ポイントを無料で進呈したこともあるが、市場がインフレになるだけで、リバイバルドラッグはまったく損をしていない。[*6] 家電量販店などのポイントが実質上の値引きであるのと、根本的に異なっている。

現在の競合と未来の競合

リバイバルドラッグの加盟店は2017年6月で2727軒であるが、まずはこの事業を知ってもらうことが重要だと考えている。利用を躊躇する薬局が理由として挙げるのが、「中古の薬を扱っている」「現金問屋」というイメージである。リバイバルドラッグが薬を買い取らずに、買い手が売り手の薬局から直接薬を買うかたちにしているのも、そのイメージを払拭するためである。

競合として、「エコ薬（ピークウェル）」「ファルマーケット」という企業がある。しかし両社とも、余剰品を薬価の3割ほどで買い取って7割ほどで売る、いわゆる買い取りビジネスであり、リバイバルドラッグとはビジネスモデルが異なる。

ちなみに、買い取りの場合は、売り手、買い手、そして買い取り業者の全員に消費税分が上乗せされるが、リバイバルドラッグのモデルでは同社に払う手数料のみに消費税がかかるので、その点でも利用する薬局の負担は軽くなる。

リバイバルドラッグの2015年度の取扱金額は、薬価にして1億7000万円であり、潜在市場が100億円以上あるといわれる余剰医薬品市場では、まだまだ開拓の余地があるといえる。

新しい取り組みとして、薬だけでなく、機材・機器、薬の容器などを、閉店する薬局から新規出店する薬局に仲介するビジネスも始めている。中には数百万円する高額な設備もある。飲食店の厨房機器などには専門の中古業者があるが、薬局設備には中古市場はなく、潜在市場は大きいと考えている。

リバイバルドラッグのシステムは、薬の需給のアンマッチに悩む中小の薬局からは、とても重宝がられている。ただし、このシステムは規模の経済性のきくビジネスモデルであるため、資金力のある大手が同質化を仕掛けてきた場合、リバイバルドラッグは、そのビジネスモデルをさらに進化させていく必要があるかもしれない。

9 アマゾン流IoTプラットフォームを目指して

格安SIM事業を展開——ソラコム

IoTで革新的プラットフォームを構築

MVNO（Mobile Virtual Network Operator：仮想移動体通信事業者）という言葉を、よく耳にするようになった。NTTドコモなどのキャリアから回線を借りて、付加価値を付けて通信を提供する会社のことを指す。IoT分野において革新的なプラットフォームを築きつつあるソラコムも、その1つだ。

プラットフォームとは、多くのモノやヒトをつなぐ基盤のことである。ソラコムは「何かをできるようにするためのプラットフォームの提供」を目的として設立された。新しい事業を立ち上げようとしても、実現する過程においてＩＴへの初期投資額が高くなりすぎて、それが起業を難しくしている事例は少なくない。ソラコムは、この壁を取り除こうと考えた。ＩＴ費用を固定費から変動費に変えることで、投資余力のないユーザーのＩＴ化の壁を低くしたのである。

ソラコムは、アマゾンデータサービスジャパン（現アマゾンウェブサービスジャパン）で、ＡＷＳ（Amazon Web Services：アマゾン ウェブ サービス）の立ち上げを行った玉川憲氏らが、２０１５年に創業したベンチャー企業である。

そもそもは、「ＡＷＳのようなオープンでフェアなプラットフォームビジネスを、ＩｏＴでもできないか」と考えたのが始まりであった。米国ではＡＷＳを使って、ドロップボックス、インスタグラム、ウーバー、エアビーアンドビーなどのビジネスが生まれている。ＣＥＯの玉川氏は、ソラコムのビジネスモデルを、「ＡＷＳのＩｏＴ版」という発想から、一晩で考えたという。

創業から日が浅く、社員数も45名ほど（２０１７年10月現在）のソラコムは、本書で取り上げるケースとしては異色だが、画期的なビジネスモデルでＩｏＴの通信とセキュリティの課題を解決しようとしている同社のポテンシャルに注目して取り上げることとした。

あらゆるモノがインターネットにつながるＩｏＴは、いまだ発展途上にある。日本の人口は１億２６７２万人（２０１７年10月現在）で減少傾向にあるが、モノとモノをつなぐＩｏ

Tであれば、人口の100倍、1000倍もの需要が見込める。未開拓の有望市場といえよう。

しかしIoTでは、接続方法とセキュリティに課題が残されている。接続方法に関しては有線では物理的制約が多く、無線に頼らざるを得ない。しかし、無線LANは事前設定が必要で、手軽に使うにはスマホと同じモバイル通信が最適である。一方、モバイル通信は期間や数量などの固定契約による利用が多く、「ヒト向け」に最適化された料金プランがほとんどで、少量のデータ通信が多い「モノ向け」には合わなかった。

セキュリティ、運用の楽さ、手軽さを実現

ユーザーがIoT通信のプラットフォームに求めるものは、費用のほかにも、①セキュリティ、②運用が楽であること、③手軽に開始・中止できること、などがある。これらを解決しようとしたのが「SORACOM Air（ソラコムエア）」である。ソラコムエアは、物理的にはユーザーがSIMカードを購入するところから始まる。

セキュリティに関しては、各機器がサイバー攻撃を受けやすいインターネットに入る前に、ソラコムのクラウドに接続することでセキュリティを高めている。その鍵となるのがプライベート接続サービスの「SORACOM Canal（ソラコムカナル）」である。ユーザー

図表2−7　ソラコムと通信キャリアの違い

	ソラコム	通信キャリア
初期投資	SIMのみで安い	相対的に高い
料金	基本料＋従量制	定額制が多い
初期設定	ユーザーがセルフで行う	キャリアが設定
拡張性	高い	低い
停止・解約	ユーザーがセルフで簡単に手続き。費用ゼロ	販売店に依頼。最低契約金あり

のＡＷＳ上のプライベートクラウドと、ソラコムのプラットフォームを直結することで、デバイスからサーバーまでクラウドにありながら、インターネットからアクセスできない閉域網での通信が可能となり、高いレベルのセキュリティが確保される。

ソラコムの通信を導入するには、初期費用（契約事務手数料）はＳＩＭカード１枚９５４円、基本料金は１日10円、データ通信料は１メガで０・２円から、１ギガで２００円からとなっている。ＳＩＭカードはアマゾンで購入できる。ユーザー自らがウェブの操作画面で利用開始・休止を操作でき、通信料は使った分だけ払う従量制である。

そのため、始めやすく、接続しやすく、やめやすい。また、スケールアップも容易にできる。さらにソラコムの通信料は、時間帯と通信速度に応じて変わるが、これらも利用中にユーザー自らが自由に変えることができる。

たとえば北海道の十勝バスは、バスにＧＰＳを搭載し、利用者がスマホでバスの現在地がわかるサービスを２０１６年から始めた。同社は伝統的な通信システムからソラコムに乗り換えたことで、通信料を月14万円から４万円へと大幅に削減することに成功した。[*7]

低価格でも損をしない理由

ソラコムはなぜこれほど安くサービスを提供できるのか。その理由は、同社のプラットフォームにある。従来のＭＶＮＯ事業者は、パケット交換、帯域制御、顧客管理、課金などに専用機器を利用していたため、１台数億円の専用ハードウェアを設置する必要があった。ソラコムはこれを不要にしたのである。

ソラコムのプラットフォームは、基地局は既存キャリアのシステムを借りているが、残りはすべてクラウド上のソフトウェアで動かしている。専用機器を、ソフトウェアで置き換えたのである。ソフトで置き換えたことによってコストダウンだけでなく、ユーザーはウェブの操作画面やソラコムのＡＰＩ（Application Program Interface）を利用して、自ら通信速度等を自由に変更できる。その結果、ユーザーが自分で設定を変えられる柔軟性と、急激な通信の増加に対応できる拡張性も実現することができた。

従量制課金を導入しながらも、ソラコム自身は損しない価格づけになっている。赤字で顧客数を増やすのではなく、利益を上げながら顧客数を増やし、顧客数が増えるに従って自社のコストが下がり、それを原資に値下げしていくやり方をとっている。これはアマゾンのAWSと同じ発想である。

ユーザーがアプリケーション開発するAWSスタイル

ソラコムエアを使ったアプリケーションは、ソラコムが作るのではなく、ユーザーに作ってもらうことを基本としている。こちらも、アマゾンのAWSと似た考え方である。ソラコムは、あくまでIoTにおいて専門性が求められる通信部分を、使いやすく提供することに絞っており、IoTシステムに必要な他の部分は、その分野が得意なパートナーと組んで提供している。

ソラコムが提供するパートナープログラム（SORACOM Partner Space）にはすでに350社以上が登録しており、うち60社ほどが実績のある企業として認定されている。この中には、日立製作所、富士通などの大企業だけでなく、デバイス、ソリューション、インテグレーション、ネットワークの専門企業が含まれている。

また開発者コミュニティへの協力も、AWSのスタイルと似ている。ユーザーは自分たちが開発したアプリケーションを持ち寄り、開発者コミュニティを運営している。この場を通じて、開発者同士が情報を共有し、学び、自分でシステムを組むことを容易にしている。

ソラコムの当初のユーザーは、新しい技術の導入に柔軟な、ＡＷＳなどのクラウドのユーザーや、リーズナブルな通信を求めていた中堅・中小企業、スタートアップ企業が多くを占めた。また、何がキラーアプリケーションになるのかを実験しようという企業の〝お試し〟には、最適である。

さらに２０１６年10月には、ＫＤＤＩと提携し、「ＫＤＤＩ ＩｏＴコネクトＡｉｒ」を開始した。これはＫＤＤＩの回線を利用するＩｏＴに特化した安価な通信サービスである。ＫＤＤＩ自身のＩｏＴ通信サービスのメインターゲットである大手企業が、ＩｏＴの実験をする上で、ソラコムのシステムが最適と考えたためだろう。

そして２０１７年８月、ＫＤＤＩはソラコムを買収することを発表した。創業3年に満たない国内ベンチャー企業の買収額（約２００億円と報道された）としては破格と報じられたが、ソラコムの成長余地を考慮すれば、まだ安いと見る声もある。買収後もソラコムはＫＤＤＩの子会社として存続する。携帯電話市場の飽和が見られる中、ＫＤＤＩは大きな成長が見込めるＩｏＴに進出したかったが、すでに市場が立ち上がっている中、ソラコムの買収で「時間を買った」といえる。

競合は今のところ存在しない

本書執筆時点で8000以上のユーザーがソラコムを利用しており、コニカミノルタ、日本交通、キヤノン、東急ハンズなどが挙げられる。ベンチャー企業から大企業まで、さまざまな業界で使われている。前述のように、IoTの実証実験には最適であり、センサー、デバイスの数が多く、1日の通信量が少ない分野などでの利用も有望視されている。

2016年5~6月には、ソラコムは約30億円の資金調達を行い、開発拠点の多元化を進めた。シンガポールのほか、欧米に1カ所ずつ、計3カ所に現地法人を設立した。海外展開に関しては、グローバル用のSIMを提供し、現地の通信キャリアから回線を借りて、1枚のSIMで120を超える国と地域で接続可能である。日本と同じビジネスモデルによる展開である。

競合に関して、同じビジネスモデルの企業は、今のところ存在していない。AWSというクラウド上で利用することを前提に開発されたサービスやシステムに、バーチャルな通信システムを構築するソラコムの技術のレベルは高く、同じビジネスモデルのベンチャー企業の追随はかなり難しい。

似たような仕組みをBtoC向けに始めたのは日本通信であったが、彼らはBtoCゆえに、コールセンターなどを持たざるを得ず、そのため1日10円のコスト構造にはなっていない

（かつてコンピュータのデルが日本に進出したときに法人需要にフォーカスしたのも、BtoCだと必須となるコールセンターなどの費用を最小にしたかったから、といわれている）。

さらに大手企業が、資金力を武器にこの分野に参入してくる可能性もないわけではない。しかし、ソラコムは運用コストにわずかな利益を乗せて事業を行っており、ユーザー数が増えるに従い、どんどん価格を下げている。大手企業においては、投資に見合う利益を享受しなくてはならないので、こうした利益率の低い事業に追随することは、難しいといえる。

理念に基づくパラダイムチェンジは続くか

今後のリスクとしては、第1に、国やドコモの政策でコスト構造が変わるリスクがある。現状はMVNOの促進のため、ドコモが貸し出す回線を安価で提供する政策になっているが、この状況は将来も保証されるものではない。

そうした例として、かつてリクルートは、NTTから回線を借りて別の企業に貸し出す回線リセールス事業を行っていたが、NTT自体が回線の料金を引き下げたために利鞘がなくなり、事業も成り立たなくなったという事実がある。グローバル化に際しても、各国の政策に左右される。こうしたリスクについては、KDDIの傘下に入ることによって、回避される可能性も出てきた。

第2に、通信の世代が変わるような技術変化、たとえば4Gから5Gに移行する際には、システムの再構築が求められる。そのようなときに、4Gを手がけていなかった新規参入業者が出現する可能性がある。その場合、ソラコムにはクラウド上のソフトウェア技術で優位性はあるものの、新技術と旧技術との資源配分やサンクコスト（回収できない埋没費用）の問題が発生するかもしれない。またセンサー、デバイスとの新たな無線通信規格も乱立しているが、デファクト・スタンダードとなる規格を読み間違えると痛い。

第3にソラコムの組織的要因であるが、ソラコムのビジネスモデルでは、基盤となるプラットフォームを考え、それを具現化するところに最もイノベーションが必要とされる。今後同社は、同じビジネスモデルによるグローバル化とプラットフォーム周辺の開発に重点を入れていくと思われるが、イノベーションのタイプは、当初の革新型より改善型にならざるを得ない。その際にも、イノベーティブな社員のモチベーションを高く維持し続けられるだろうか。

数年おきに大きなパラダイムチェンジを経てきたインターネットの世界において、同社は「誰にでも公平に、オープンに」という理念を守りながら、自らパラダイムチェンジを起こしていけるだろうか。また、ＫＤＤＩ傘下のソラコムとして、起業家精神を失うことなく、日本のみならず、世界中で使われるＩｏＴ通信プラットフォームビジネスに成長できるだろうか。今後も注目されよう。

10 競争しない戦略への転換

コアコンピタンスに特化する——ランドスケイプ

名寄せ済みデータベースの強み

ランドスケイプは、1990年に設立されたデータベースマーケティング支援の会社である。社長の福富七海氏は、前職のカルチュア・コンビニエンス・クラブでTポイントの原型やデータベースの業務に携わっていた。

ランドスケイプは企業理念として、「固有名詞の一元化により、社会に効率と安全とプライバシーを提供する」ことを掲げている。ちなみに社名は、「社会の風景になること」を目指して命名された。

創業当初は、個人向けのダイレクトメール、データベースマーケティングの会社だったが、テレマーケティングが多用されるようになったのを受けて、テレマーケティング用のシステムを作るようになった。しかし、そのテレマーケティングもｅコマースに代替されるようになり、また個人情報保護に対する意識の高まりも受け、ＢtoＣからＢtoＢにビジネスの舵を切った。

同社のコアコンピタンスは顧客データベースであったが、ＢtoＢの顧客データベース業には、帝国データバンクと東京商工リサーチというガリバーがおり、彼らは多くの調査員を抱えて足でデータを集め、圧倒的な企業情報を蓄積していた。ただ、主な需要は企業の信用調査目的であるため、顧客は一定規模以上の民間企業が中心で、また事業所名の「名寄せ」が十分ではないという弱点があった。

そこでランドスケイプは、足でかせぐのではなく、登記簿、電話帳、商工会データ、ウェブなどの公開情報からデータを集め、社名、住所、統廃合などを確認してデータをクリーニングし、さらに名寄せすることを考えた。ＣＤＩ（Customer Data Integration：顧客データ一元化）と呼ばれる、データの信頼性を高める仕組みを武器にビジネスができるのではないかと、考えたのである。

こうしてＣＤＩ事業を始め、同社の企業情報データベースは８２０万件と、日本最大となった。企業レベルだけでなく、事業所レベルのデータも持ち、企業名、個人名の「名寄せ」

済みのデータであることが特長である。日本全国の拠点（本社と事業所）に付与した独自のＬＢＣ（Linkage Business Code）により、帝国データバンクなどによる与信調査の依頼の少ない事業所、たとえば営業所、官公庁、非営利組織までもカバーしている。

散在する顧客データを統合する

顧客企業は、ランドスケイプのデータベースを利用することで、社内で日々蓄積されながら散在している情報を、より効率的に活用できるようになる。

マーケティング活動を通じて得られた顧客データは、社員がそれぞれ入力することが多く、全社で活用することは後回しになっていた。全社でデータを活用するためには、過去にどの部署の誰が、相手企業の誰にアプローチしているかを知る必要があり、そのためには企業名の名寄せが求められる。

たとえばある営業担当者は、顧客名の欄に「日本電気」と入力したが、別の担当者は「ＮＥＣ」と入力し、さらに別の部署では「ニッポンデンキ」もしくは「ニホンデンキ」と入力している。こんなことは珍しくないだろう。

また、入力者が間違いやすい社名もある。キヤノン（誤：キャノン）、キユーピー（誤：キユーピー）、ニッカウヰスキー（誤：ニッカウイスキー）、ブルドックソース（誤：ブルドッグソース）などだ。こうしたものについても自動的に修正する仕組みを作るなど、名寄せのノウハウが蓄積されており、さらに社名変更、合併、分社などにも迅速に対応できるのが、ランドスケイプの強みといえる。

同社のデータベースを通じて、既存の取引先と同じような属性を持つ未取引の企業の情報を提案する事業も行っている。これは企業の新規顧客開拓において、効果的なマーケティングツールとなっている。

意図しないレッドオーシャンでの戦い

２０１５年にランドスケイプは、クラウド型の法人顧客データ一元化ツールとして「ｕＳｏｎａｒ（ユーソナー）」を発売した。データベースも、クラウドの時代に入ったからである。ソナー（Sonar）は潜水艦の音波探知装置という意味で、文字通り、水面下でデータを整備することで、営業やマーケティングを支援するツールを目指した。

発売してみると、活動履歴やスケジュールが管理できる簡易ＳＦＡ（営業支援システム）ツールがほしいという希望が多く寄せられた。しかし商談を進めていくと、それだけにとどまらず、案件管理、ＫＰＩ管理、モバイル対応などもプラスしてほしいと、どんどん要求は増えていった。その結果ランドスケイプは、本来はデータベースの会社であるにもかかわらず、本業でないところで競争しなくてはならなくなったのである。

簡易ＳＦＡとなった「ｕＳｏｎａｒ」の競合には、大手のＳＦＡベンダーやマーケティング・オートメーション（ＭＡ）企業が待ち受けていた。セールスフォース・ドットコム、マルケト、オラクルなどである。

ランドスケイプの営業担当者は、これらの競合企業との相見積もりに時間がかかったり、前述のようなカスタマイズ要請が相次いだことに頭を悩ませた。カスタマイズに対応するため、開発してサービス提供するまで2年もかかったケースもある。また販売チャネルが自社のみのため、マンパワーが限られていた。その結果、同社は利益的には苦しい状況が続いた。営業担当者もエンジニアも、顧客対応で疲弊していた。

ちなみに競合企業の1つであるセールスフォース・ドットコムの日本国内の顧客企業数は、1万社以上といわれている。顧客企業数が６００社程度のランドスケイプが真正面から競争したら、資金力、営業力などで、とてもかなわない。しかし、盤石だと見られているセールスフォース・ドットコムも、データの名寄せは不得意といわれていた。

ランドスケイプは、ＳＦＡを活用できていない企業が、何に不満を感じているかを調査することにした。そこで挙げられたのは、次の3つだった。
①データ管理のために要する、営業担当者の入力負荷が大きい
②顧客データを一元化できていない

③顧客データが時間の経過とともに、陳腐化する

「競争しない」という競争戦略

こうした状況の中、福富社長は戦略を根本から見直すことにした。そこで採ったのは、大手と「競争しない競争戦略」[*8]であった。すなわち、簡易ＳＦＡ事業からは撤退し、他社のＳＦＡやＭＡシステムに、自社のデータベースを提供するという戦略に転換することを決めたのである。

こうした戦略転換に対し、すでに同社製品を購入していたクライアントからは猛反発を受け、営業担当者やエンジニアからも反対の声が上がった。しかし社長は、この道しか自分たちが生き残る方法はないと確信し、説得を続けた。

たとえばセールスフォース・ドットコムの製品に、ランドスケイプのデータベースを提供することによって、セールスフォースの名寄せの弱みが克服され、かつランドスケイプも強力な競合と戦わず、ウィン－ウィンの関係が築かれた。実は大手ＳＦＡ、ＭＡ企業にとって、社名確認や名寄せという仕事は手間だけがかかり、あまりやりたくない仕事であったのである。

一方ランドスケイプにとっては、戦略転換によって、提携したＳＦＡベンダーなどが営業

もしてくれるようになった。

同社はこの戦略を「非競」の戦略と呼んでいる。非競とはパートナー企業とお互いの優れた部分を生かし、補い合うことで、両社が新たな創造を目指すという共創の精神である。

自社の強みに特化する

戦略転換による効果は明確に現れた。平均7カ月かかっていた受注までの期間が4カ月に短縮され、2014年に29社だった受注件数は2016年には45社に増え、さらにカスタマイズが不要になることで、社内の工数も大幅に削減した。しかも、SFA部分がなくなったにもかかわらず、1社当たりの受注金額も増えた。同社のデータの価値が、改めて顧客に理解されたからである。

現在は、ランチョン・フェアという場を設け、セールスフォース・ドットコム、マルケト、マイクロソフト、オラクル、サイボウズ（グループウェア）などをはじめとする〝元競合企業〟とその他のSFA提供会社、そしてシステムを導入したいクライアントを一堂に集め、オープンでフェアな情報交換を行っている。「非競」の戦略の象徴ともいえる場である。

競争しない戦略への転換によって、同社は再びメインの部分で勝負ができるようになり、顧客からも価値が認められるようになった。ユーソナーは、いったん海面に浮上してレッドオーシャンでの戦いをしたが、今では再び海中に潜り、自社のコアコンピタンスに特化しているといえる。

ストックデータの活用が成長の鍵

非競の戦略に転換したランドスケイプであるが、今後も無敵で事業を進めていけるであろうか。従来は、足でかせぐ帝国データバンク等に対して、公開情報をベースに名寄せシステムを確立したことが、優位性となった。

しかし、ビックデータやＡＩ技術が発展してきた今日においては、公開情報を瞬時に加工して名寄せしていくシステムは、電話帳を持つＮＴＴグループをはじめ、多くの大企業が参入可能である。

そのときに、中小事業所、官庁や非営利組織までをも網羅した同社のデータが、どこまで競争優位性を持てるかが問われてこよう。もちろん機械だけでなく、人によるノウハウも必要であるため、簡単には追随されないものと思われる。しかし短期間に追随しやすいフローのデータだけでは、データベース業も価格競争に陥る可能性があり、過去から蓄積してきたストックのデータを、どうビジネスにつなげていくかが、１つの鍵になるかもしれない。

水面下に潜りながら、業績は浮上していくという同社の戦略の今後が注目される。

11 真逆の戦略で新市場を開拓

ブルーオーシャンを拓く——カーブス

「3つのM」をなくした独自のコンセプト

カーブスは、女性専用の健康体操教室である。1回30分で終わるサーキットトレーニングであり、プールもスタジオも風呂もない。2005年に日本で1号店が開店し、2017年10月には1846店、会員数は83万人に迫る。そのビジネスモデルは、他のフィットネスクラブにはない唯一無二のものである。

カーブスは米国で誕生した。創業者は実母を生活習慣病で早く亡くし、治療だけでなく、予防の重要性に目覚めた。そこで一般的なフィットネスクラブを立ち上げたがうまくいかず、

１９９２年に女性に特化した新たなフィットネスクラブを設立する。女性に絞った理由は、男性が運動する場は多いが、女性が運動する場は少ないからで、女性の曲線美からとって「カーブス」と名づけた。

カーブスのコンセプトは「運動習慣を広めて、豊かな人生と社会の問題を解決すること」である。

カーブスは「３つのＭ」を教室からなくした。ノー・メン（No Men）、ノー・メイクアップ（No Make-up）、ノー・ミラー（No Mirror）である。

ノー・メンにすることで女性会員は、男性の目を気にせずに運動できる。スタッフも全員女性である。ノー・メイクアップは化粧する必要もなく、手軽に通えるという意味と、化粧が落ちるほどの汗はかかないという２つの意味がある。そして教室に鏡がないノー・ミラーは、自分の体型を気にせず、運動に集中してもらうためである。

米国に1号店を開いた後、1999年にカナダに出店し、その後、メキシコ、英国、ポルトガルなどにも進出し、日本では2005年にカーブスジャパンが設立された。アジアではほかに、2007年に韓国、台湾、香港に出店し、2009年に中国、2010年にインドに出店した。現在では、世界80カ国を超える国と地域に展開している。

ターゲットはずばり「主婦」

日本ではフランチャイズ展開することになったとき、「50歳代以上の主婦」にターゲットを定めた（米国では肥満対策のニーズが高く、もう少しターゲット年齢が若い）。そのため、立地のポリシーも主婦が通いやすい場所、すなわち主婦が生活する場の近くになった。カーブスでは週2、3回通うことを推奨しており、そのためにも、近くに立地することが必要であった。

営業時間は平日10時から19時まで、土曜は13時までで、日曜祝日は営業しない。一般のフィットネスクラブではまず考えられないことだが、あくまでも主婦がターゲットのため、家族が留守で、比較的自由に時間を使える平日と土曜の午前中を運動にあててもらうことにした。この日本独自のシステムは、従業員のワークライフ・バランスを向上させる効果もある。

また昼は、13時から15時まで休みである。今どきのサービス業で、昼に閉店しているのはほかに医院くらいであろう。実際には、1時間の昼食休憩の後は、マシンのメンテナンスや従業員同士のミーティングが行われている。シフト制が当たり前となった接客業において、全員が一緒に情報を共有する仕組みが、カーブスの強みを支えている。

運動習慣のない人を口コミで顧客化

カーブスのターゲットは、50歳代以上の主婦の中でも、「運動の必要性は感じているが、実際は運動していない人」であった。カーブスの現会員で、過去5年以内に他のフィットネスクラブに在籍していた人は5％未満であり、ほとんどが運動をしていなかった人である。カーブスが「教室」と呼んでいる理由も、「クラブ」「ジム」と比べて、それまで運動習慣がなかった人に受け入れられやすいためである。

カーブスによる入会前調査では、「27％がまったく運動していない」「51％がほとんど運動していない」で、両者を足すと8割弱が運動習慣のない人であった。さらに運動していた22％を対象に運動の中身を尋ねると、「8割以上が軽いウォーキング」と回答している。すなわちカーブスの会員は、スポーツを趣味としている層とは、まったく違っているのである。

ちなみに、フィットネスクラブ未経験者を対象とした調査（２００４年、リンク総研）では、フィットネスクラブに行かない理由の１位は「価格が高い」（59％）、２位は「通う時間がない」（31％）、３位は「近隣にない」（28％）であった。

問題は、どうすれば運動していない人に入会してもらえるか、という点だった。伝統的なマーケティング理論に「ＡＩＤＭＡ」と呼ばれる、消費者がある商品を知ってから購入に至るまでのプロセスを示したモデルがある。注意（Attention）→興味（Interest）→欲求（Desire）→記憶（Memory）→購買行動（Action）という順で消費者は動くといわれてきた。しかし、カーブスのターゲット顧客にいくら広告を打っても、入会行動には結びつかなかった。

事実、カーブス入会のきっかけの調査では、紹介が52％と半数を占め、以下チラシ（19％）、看板（11％）、テレビＣＭ（４％）となっている。ただし、チラシとテレビＣＭによる入会者の８割は、事前に会員からカーブスの話を聞いており、口コミが圧倒的な力を持っていることがわかる。

それもたった１回の口コミで加入する人はまれであり、半年くらいの間に平均で４～５回の口コミを受け続けることによって、加入の気持ちが固まる人が多い。加入するまでに相当の時間がかかっていることが、カーブスの会員の特徴である。

幽霊会員をなくし、収益を生む逆転の発想

カーブスの教室では、コーチは会員を下の名前で呼ぶ。1教室当たり500名ほどの会員がいるが、顔を見ただけで名前と身体の症状などを覚えている。日本ではサービス業といえども、下の名前で呼ばれることは珍しい（米国では、親しい間柄の場合はファーストネームで呼ぶ習慣はある）。

日本では、家庭の主婦は長い間、「××さんの奥さん」「××君のお母さん」と呼ばれてきて、自分の名前を直接呼ばれることが少ない。50歳を超えた主婦は子どもの世話も一段落し、やっと自分を取り戻せる年代ともいえる。そのようなときに、顔と名前を覚えてもらい、毎回呼びかけてくれるカーブスでは、「大切にされている感」を強く得ることができる（大型フィットネスクラブと違い、1店舗500名程度の規模なので、スタッフが覚えられるという側面もある）。

さらに、カーブスでは、1週間来室しない会員にはコーチが電話をかける。従来のフィットネスクラブは会員数が多めでも、休眠会員や入浴だけの会員がいるために、トレーニングスペースが混雑することがなく、会員の不満も出なかった。すなわち、会費だけ払って来ない客は、大歓迎だったのである。しかしカーブスでは、期間が空くと来室を促す。なぜだろうか。

1つは、カーブスの企業理念である運動習慣をつけるためには、運動をきちんと生活習慣の中に取り込んでいくことが大事だからである。会員の健康維持が、カーブスの使命であり、そのためトレーニングの継続を奨めているのである。

一方、収益の面からは、継続的に運動をしてもらうことによって、退会を防ぐ効果も期待できる。

損益分岐点を下げてフランチャイジーを増やす

2017年10月末時点、1846店ある店舗のうち、1786店舗がフランチャイズ店である。複数店舗を運営しているフランチャイジーも少なくない。フランチャイジーが儲からなければ、カーブスがここまで教室数を増やすことはできなかったはずだ。では、なぜフランチャイジーは利益を出せるのであろうか。

カーブスには、一般のフィットネスクラブにあるシャワー、風呂などの設備がない。基本的には事務所仕様の40坪ほどのスペースがあれば、開店可能である。投資が必要なのは12機のマシンであるが、これは米国カーブスで生産されている世界統一機であり、フランチャイジーは安価に調達できる。そのため、フランチャイジーの1店舗当たりの投資額は、約2000万円といわれている。

図表2−8　従来型フィットネスクラブとカーブスの違い

	従来型フィットネスクラブ	カーブス
ターゲット顧客	成人全般	主婦
月会費	1万円以上が多い	5,700円〜6,700円（税抜）
施設滞留時間	平均2〜3時間	30分
立地	大都市、駅前、大型商業施設隣接	自宅の近く
施設規模	中型〜大型	平均40坪

固定費が低いため、損益分岐点が低い。そのため５００名ほどの会員を集めれば、十分やっていける。こうしてフランチャイジーは、２店舗目、３店舗目と拡大していけるのである。

会員自らが待ち時間を最小化

カーブスでは運動の中心は、①筋トレ、②有酸素運動、③柔軟運動の３つであり、この３つを行うことによって、健康を維持・強化できると考えている。マシンが12機、その間にステップボードが12枚あり、最大24名が同時にトレーニングできる。

したがって25番目に来た人は、最初の人が抜けるまで待たなくてはならない。１店舗５００人も加入していれば、会員が集中して待ち時間が長くなり、不満が高まる可能性もある。事実、午前と午後の開店直後に混雑がピークとなる店舗が多い。

一部で整理券を発行している店舗もあるが、カーブス側では原則として時間のコントロールはしていない。それなのに、長時間の「待ち」が発生しないのはなぜか。それは会員が各自で調整するからである。

カーブスは常連客が多いため、通っているうちに混雑する時間はわかってくる。30分ずらせば混雑を避けられるのであれば、自主的に時間をずらす。ターゲット顧客の主婦は、他の層に比べて時間的余裕はあるからだ。言い換えれば、時間の融通がきく顧客をターゲットとしているために、こうした運営が可能になっている。

市場を創造したカーブス

一般のフィットネスクラブから移ってきた人が5％程度しかいないことからも、カーブスは一般のフィットネスクラブと競合しているとは考えにくい。運動していなかった人を掘り起こしたという意味では、マーケットシェア争いをしたのではなく、市場のパイを自らの手で広げたのである。

２００４年には、健康計測器のタニタが「フィッツミー」という名で、カーブスとほぼ同じサーキットトレーニングをフランチャイズ展開で始めたが、店舗数は２０１７年８月で、

65店（サポート・提携店を含む）である。

広い意味での競合としては、価格の安さや通いやすさの点からは、自治体が開催している健康教室や、公営のジム付きの体育施設などが挙げられる。ただし公営の施設は、継続させる動機づけの面でのサービスはほとんどない。

また、一般のフィットネスクラブでは体育系の学校を卒業した人がコーチに採用されることが多いが、カーブスでは（実際の採用はフランチャイジーごとであるが）運動指導能力ももちろん重要であるものの、人と接するのが好きな人、コミュニケーション能力の高い人を優先的に採用している。５００名の顔と名前を覚えられるのも、重要なスキルである。転職者の前職は、主婦、接客業、看護師などさまざまである。

それにしても、12機のマシンを回って足踏みとストレッチするだけの毎回同じメニューで、利用者は飽きないのかと心配になるが、飽きて卒業する人は実際にはほとんどいないようだ。「継続は力」であることを、多くの会員が理解しているためだろう。

油圧式のマシンは、利用者の体力や目的に従ってスピードや負荷を簡単に変えられる。そのため、もともと筋力のなかった人が平均値まで来られたら、今度は強化したい部分の負荷を上げることができる。とはいえ、会員の平均年齢は62・5歳と高く、負荷を上げ続けてアスリートを育成するわけではない。逆に加齢により落ちていく筋力・柔軟性を、運動によって維持していくことが、カーブスの極めて重要な使命であり、会員の目的でもある。

この結果カーブスは、日本最大の顧客満足度調査である日本生産性本部のＪＣＳＩで、２０１４年度からフィットネスクラブ部門で３年連続１位を獲得している。

カーブスが成功した6つの要因

カーブスが成功してきた理由として、以下の６つが挙げられる。

第１に、下の名前で呼ぶなどで、会員は店舗に通うたびに個人として尊重され、大切にされる感覚を味わえる。これは1店舗当たりの会員数が少ないからこそできることであり、大手にはなかなかまねできない。

第２に、会員は月に1回、体脂肪などの計測を行うことになっており、これによって継続の効果の「見える化」をしている。これは、測ることによってダイエットが進むメジャリング・ダイエットと同じ発想である。

第３に、口コミにより入会する会員が多いことからも、継続により成果が出たロールモデルが身近に存在していることがわかる。60歳以上の女性が目指すのはアスリートではなく、より健康に輝く同年代の女性である。

第４に、カーブスは他社のシェアを奪ったのではなく、運動していなかった層を掘り起こしたという意味で、白地の市場（ブルーオーシャン）の開拓に成功した。それゆえ、競合との同質的競争や価格競争を避けられた。

第5に、従業員のワークライフ・バランスにも気を配った勤務体系であり、会員情報などの店舗全員での共有が強みとなっている。

そして第6に、経営的には固定費が低く、損益分岐点の低いビジネスとなっている。このためフランチャイズを希望するオーナーが次々と手を挙げてきた（現在では希望が多すぎて、新規オーナーの募集は停止している）。

ビジネスモデルの見直しは必要か

カーブスはこれまで順調に拡大してきたが、今後も成長を続けていけるであろうか。

第1に、店舗数の飽和が挙げられる。店舗数は急拡大してきたが、一定の商圏内にある程度の人口がないと集客できず、フランチャイズ展開ゆえに、既存店を喰うような新規出店は難しい。そのため、日本全国に無限に店舗が増え続けることはあり得ない。

一方で、カーブスジャパンが勝手に他の国に進出することもできない。そう考えると、店舗数はいつかは頭打ちになることが予想される。

第2に、現在の営業時間は典型的な主婦を想定して設定されている。しかし、すでに共働き世帯は日本で6割を超え、女性の就業形態も多様化してきた。経済のサービス化が進む中、土日祝日に出勤する人も増えており、カーブスに通える時間帯も顧客によって多様化している。こうしたトレンドは無視できないが、それらのニーズにカーブスが応えようとすると、人件費がアップし、従業員のワークライフ・バランスにも影響が出てしまう。

第3は、収入の多様化に伴う問題である。1つの店舗の会員数が500人を超えた場合、むやみに会員を増やすと待ち時間が増え、顧客満足度が低下する。そのため、トレーニング以外の収入を増やさなくてはならず、現在、健康食品、トレーニングウェア、シューズなどの会員向け販売を行っている。しかし、それらにウエイトがかかりすぎると、従業員の関心もトレーニングよりグッズの売上増に向き、かつ「一般のフィットネスクラブより安いから」カーブスを選んでいた会員にも、家計の負担となる。

以上のように、これまでのビジネスモデルは、成長・発展期には無修正でやってこられたが、将来、ビジネスモデルの見直しが求められてくるかもしれない。

＊　＊　＊　＊　＊　＊　＊　＊

この節では、ベンチャーおよび中堅企業の特徴あるビジネスモデルを紹介してきた。

リバイバルドラッグは、先着順、オークションを経て、ポイント制という購入者にも納得感の高い購入システムを考えたが、自社は決して損をしていない点が注目される。

ソラコムは、アマゾン流の大手を追随させない技術力と低価格設定を武器に、参入障壁を高めてきた。2017年8月にKDDIの傘下に入ったのは、5G時代への挑戦の布石かもしれない。

ランドスケイプは、〝非競〟の戦略に転換し、大手SFA企業との消耗戦の競争を回避することができた。データの質と量およびその活用方法に関しては、後発参入を許さないために、さらに磨きをかける必要があるだろう。

カーブスは、会員が休むと声をかけるという、大手のフィットネスクラブと逆の戦略をとって成長してきた。しかし、店舗数の増加には物理的な限界があるため、長期的には次の成長の糧を、模索する時期がくるかもしれない。

このように見てくると、ビジネスモデルは、いったん構築したら、それで終わりではないことがわかる。競合や技術の進展に対応できたものだけが生き残り、次の成長を手にするのは、ベンチャーも大手も変わりはない。

12

業界構造へ挑戦中のビジネスモデル

業界構造に風穴を開ける

ＩＴ産業のように、技術革新が起こるたびに主役となる企業が次々と変わっていく市場においては、新規参入の障壁は低い。たとえば、メインフレームのＩＢＭの時代から、パソコンが主流のウィンテル（マイクロソフト・インテル）の時代に移り、それが今ではグーグル、アマゾンの時代へと主役は移ってきた。

しかし逆に、規制が多い業界や、業界が成熟し、業界の慣習に大多数の企業が従っているような業界では、そもそも参入障壁は高い。そこに業界の常識を覆すような革新性の高いビジネスモデルで参入しようとすると、参入（認可）の段階で横やりを入れられたり、参入直後から、業界から当該企業を排除するような手を打たれることも少なくない。

本項では、非日常的な商品特性を持ち、既存企業の慣習が日本に深く根づいてきた業界に参入し、その慣習に風穴を開けるべく挑戦中の企業を2社取り上げる。

それは、業界の慣習が大企業から小企業まで根強く残る不動産業に参入したソニー不動産と、参入までに厳しい認可を必要とし、かつ契約を積み重ねていくストック型ビジネスのため、そう簡単にシェア構造が変わらない生保業界に参入したライフネット生命保険である。

13

不動産取引に透明性を

「両手取引」による囲い込みはしない――ソニー不動産

公平性、合理性、高品質を追求

ソニーはこれまで、生保、損保、銀行業界において、「合理性」や「公平性」を追求する会社を設立してきた。同様に、不動産業界の古い商慣行を打ち破ろうという目的で、ソニー不動産は2014年に設立された。

創業にあたっては、同じ志を持っていた不動産仲介フォーラムを買収した。同社は不動産業界以外からの転職組が多く、当初はソニー不動産と市場で切磋琢磨する予定であったが、一緒になって力を合わせたほうが業界にインパクトを与えられると考えて、売却された。

ソニー不動産の初代社長には、ソニーでテープストレージ事業や本社企画部長などを経験した西山和良氏が就いた。創立時39歳の若さだった。

中古不動産の仲介においては、不動産会社と消費者の間に情報の非対称性、すなわち大きな情報の格差がある。たとえば、消費者は情報サイトなどで、物件の売出価格を知ることはできるが、いくらで成約したかの価格を知ることはできない。そうした中にあってソニー不動産は、「公平性」「合理性」「高品質」をサービスの核とした。

エージェント制で中立性を確保

第1の公平性に関しては、「両手取引」をやらない方針とした。すなわち、売り主または買い主のどちらか一方のエージェントとなる「片手取引」を原則とした（現実には、売り主のエージェントとなっているケースが多い）。

日本における不動産仲介は、両手取引が圧倒的に多い。これは、売り主と買い主の間に入り、成約すると双方から成約価格の3％＋6万円を報酬として受け取る仕組みである。しかしこの仕組みは、米国では禁止されている州があり、その他の州でも事前に顧客と覚書をかわす必要がある。さらに、米国以外の先進国の多くでも、片手取引が標準になっている。

なぜならば、仲介業者は売り主と買い主の双方から中立の存在になり得ず、両手取引は潜

図表 2−9　両手取引と片手取引

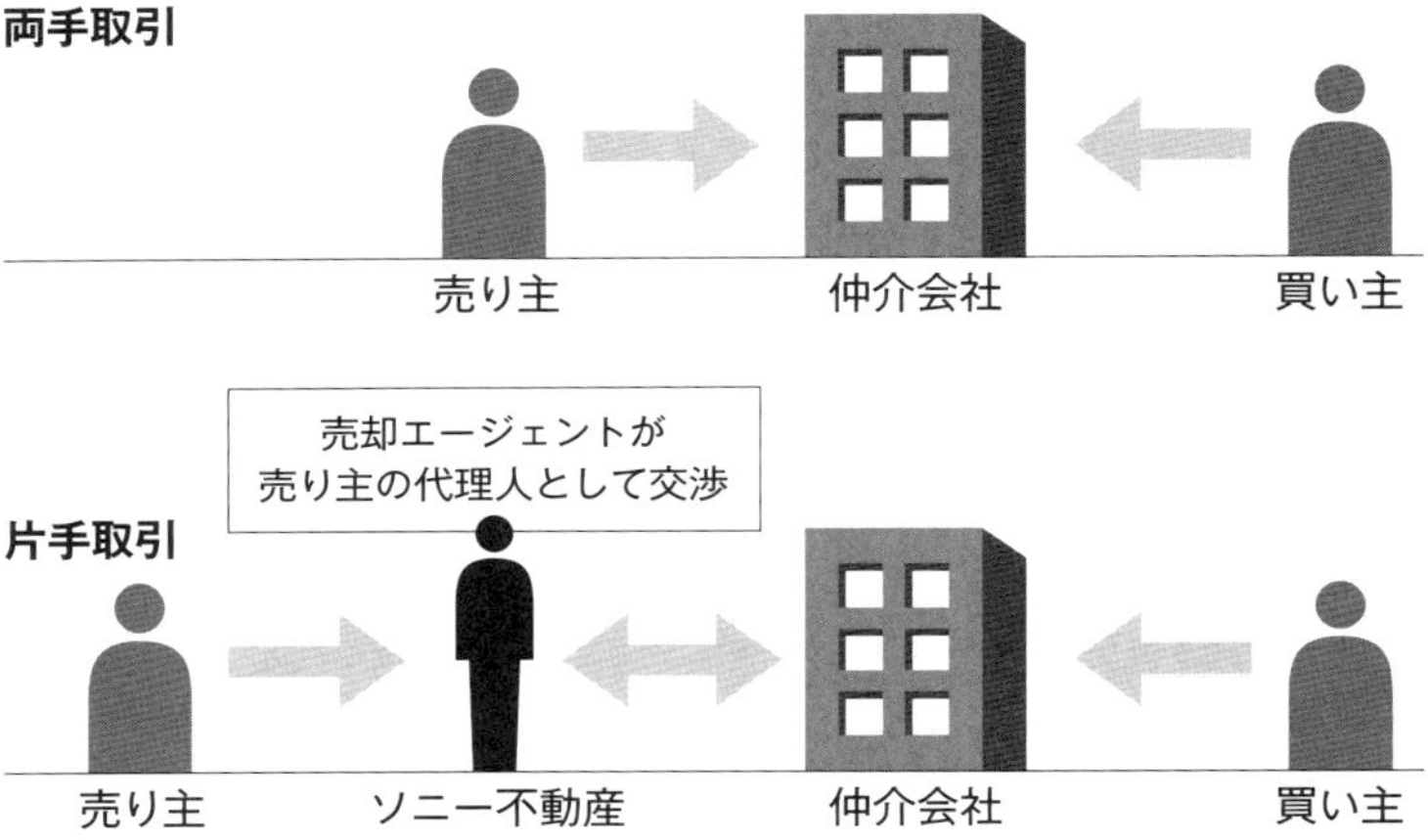

図表 2−10　「囲い込み」が発生する場合

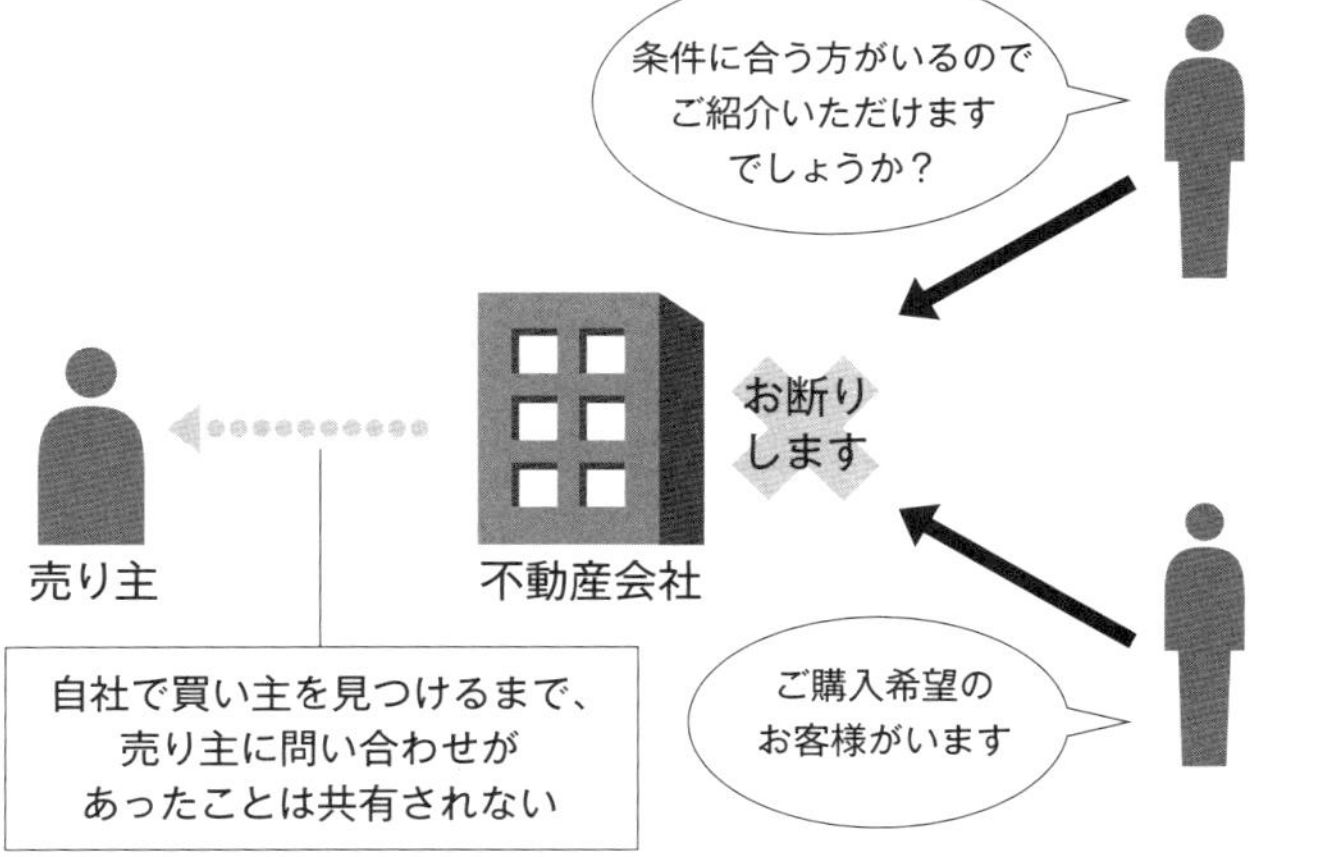

出所：ソニー不動産サイトより

在的に利益相反関係にあるためである。売り主はできるだけ早く「高く」売りたい。買い主はできるだけ良い物件を「安く」買いたい。このように両者の利益が相反している以上、両手取引では、どちらかにメリットが偏るリスクを否定できない。

たとえば、売り主には「5000万円では厳しいが、4500万円なら売れそうだ」と言い、一方4000万円で購入希望の買い主には、「本物件は他にも希望者がおり、4500万円なら買えるかもしれない」と伝えるかもしれない。また仲介手数料は成約価格が高いほうが高くなるので、一般には買い主に不利になるといわれている。両手取引を禁じている国と地域ではこれらを不公平と考え、双方に代理人が立ち、彼ら同士が価格交渉する仕組みが基本になっている。

また両手取引によって「囲い込み」が起きやすくなり、顧客の利益より業者の利益が優先される可能性がある。売り主から専任で物件を託された不動産会社は、業者間の不動産データベースであるREINS（不動産流通標準情報システム）に登録する義務があるが、別の業者から買い希望が入っても、「目下商談中」などの理由を付けて商談に応じず、当該業者が両手取引できる買い主を見つけるまで、物件が「囲い込まれる」ことが起きる。

これによって売り主は早期に売却する機会を逃し、早期に買えたはずの買い主は、物件の選択肢を奪われる。ちなみに米国で囲い込みをやると、不動産業の免許は剥奪される。

ビッグデータで価格設定を支援

第2の合理性に関しては、ソニー不動産は人海戦術ではなく、ＩＴやＡＩ技術を活用して業務の効率化を進めるとともに、事業者と消費者の間にある情報の非対称性にも風穴を開けた。

相場情報や専門知識など、不動産会社は詳細な情報を持つのに対して、消費者は〝素人同然〟である。そのため、仲介業者に言われるままに希望価格を決めて売却・購入し、「もっと高く売れたはず」「割高な物件をつかまされたのではないか」と、モヤモヤした印象を持つ消費者も少なくなかった。

こうした不満を解消するため、ソニー不動産はソニーと共同で「不動産価格推定エンジン」（後述）を開発し、ビッグデータから算出した推定価格をベースに、素人でも妥当な希望成約価格を設定できるようにした。

さらに創業当初は、仲介手数料の仕組みも一新した。仲介手数料は「成約価格×３％＋６万円」を上限とするというのが宅地建物取引業法の規程であり、ほとんどの業者がこの上限を消費者から受け取っていた。

しかし、売り出し翌日に成約しても、半年かかって成約しても手数料が同じというのは、かかるコストを反映しておらず、不合理であるとソニー不動産は考えた。そこで、手間や期間に応じた積み上げ式で「かかった分だけ」を手数料とすることにした。これは、ソニー損保の自動車保険の、「走る分だけ」と同じ発想である（なお、後述する「おうちダイレクト」を開始以降、手数料をシンプルにする必要が生じ、現在では固定手数料率に変更している）。

第3の高品質に関しては、ソニー不動産は、とりわけ顧客満足を重視する経営を行っている。同社のホームページには、過去取引した顧客の評価を、悪い評価も含めてすべて公開している。同社で取引した顧客の満足度は２０１７年８月で、「とても満足」「満足」の合計が91・５％となっている。

ちなみに初期のソニー不動産の顧客は、最先端の仕組みに敏感な人や、ソニーブランドに賛同する消費者が多かった。

大手不動産会社の反発

ソニー不動産の片手取引宣言に、大手不動産会社は猛反発を示した。しかし決して同質化はしなかった。両手取引をしている不動産会社がソニー不動産のやり方に同質化してしまうと、売上が半減してしまうからであった。

またソニー不動産が片手取引をする場合、カウンターパートとして片手取引する業者が現れないと、この仕組みは完成しない。大手不動産会社は、他社からの仲介依頼が来ないと成約しないソニー不動産の売り方を批判した文書を作成し、「ソニー不動産のやり方は日本に向いていない」と消費者に逆宣伝していたという声もある。

逆に、従来は大手不動産に囲い込まれることの多かった中小の不動産会社は、片手取引のソニー不動産の登場により、商談の機会が増えることになった。

大手からの反発が強まる中、２０１５年7月にソニー不動産は、ヤフー（Ｙａｈｏｏ！ＪＡＰＡＮ）と業務提携および資本提携を締結した。資本に関しては、ヤフーがソニー不動産に18億円出資し、ソニーも約10億円の追加出資を行った。この結果、ソニー不動産はソニー56・３％、ヤフー43・7％の出資比率となった。

業務においては、国内３位の不動産情報サイトである「Ｙａｈｏｏ！不動産」とソニー不動産の仲介を連携させ、中古住宅の流通とリフォーム・リノベーション市場の活性化を目指すもので、これによって、個人同士がネットを通じてマッチングし、中古住宅を売買できるサービスを立ち上げることになった。ヤフーと提携することによって、ソニー不動産の消費者への認知率は急速に高まった（なお、ヤフー不動産は宅地建物取引業法上の不動産会社ではなく、サイト運営事業者である）。

以下の記述はヤフー不動産に対する動きであるが、両社の提携発表を受けて、大手・中堅不動産会社で組織する一般社団法人不動産流通経営協会（ＦＲＫ）は、「自らが不動産の取引に関わるのは、サイトの中立性を損なう」として、ヤフー不動産への物件情報の提供を停止したと報じられた[*9]。

ＦＲＫは約２８０の不動産会社が加盟し、ＲＥＩＮＳを運営する４つの流通機構を全国に擁する不動産業界のパワーの中心である。会員不動産会社はＲＥＩＮＳを通じて、物件の売出価格と成約価格を知ることができる（前述したように、消費者は成約価格は知ることができない）。

不動産会社は、売り主との間で仲介を1社に任せる専属専任媒介契約を結ぶと、５日以内にＲＥＩＮＳに登録する義務がある。また成約した場合は、成約価格をＲＥＩＮＳに報告しなくてはならない。

過去、ＦＲＫに加盟する不動産会社は、取引機会の増大のために、ヤフー不動産へ売り物件情報を提供してきた。ソニー不動産との提携を機に、ヤフー不動産への物件情報提供を停止した理由について、ＦＲＫは情報の中立性が失われるためと発表したが、実際にはソニー不動産の締め出しを狙ったものという報道もあった。

不動産売買プラットフォームの構築

２０１５年11月には、ヤフー不動産と共同運営事業として、個人が不動産仲介会社を介することなく物件を売り出すことのできる不動産売買プラットフォーム「おうちダイレクト」

を始めた。これは文字通り、売り主と買い主をダイレクトに結びつけるプラットフォームである。

ネットオークションの「ヤフオク!」に似たシステムで、売り主は情報を入力するだけで物件を売り出せる。仲介業者に頼むことなく、自由に売値を決め、自由に売り出せる。買い主とのマッチング後は、かたちとしてはソニー不動産が双方の間に立ち、両手取引ができるポジションに立つ。

ただし、情報はオープンで囲い込みはせず、買い主は個人であれば誰でも参加できる。売り主が自分で値付けをしたり、買い主への返答も自分で行うことから、ソニー不動産は売り主からは仲介手数料を受け取らない。一方、内覧、契約、引き渡しなどはソニー不動産の担当者が実際に行うため、買い主からは成約価格の3%+6万円をもらう。

西山社長は、「おうちダイレクト」を「オープンで公平な仕組み」と語り、このプラットフォームを、他の仲介業者にも開放する予定である。同じ仲介業者でも、大手はブランド力があることから、「売り」も「買い」も任されることが多いが、10万社近くある中小の仲介業者は、「買い」事業が多いため、こうしたプラットフォームがあれば、利用価値は高いと考えられる。

個人に不動産売買の自由と選択肢を

ちなみに米国では、不動産取引の8割が中古（日本では8割が新築）であり、その7割がエージェント制によるもので、残り3割がＦＳＲＯ（For Sale by Owner）と呼ばれる個人売り出しによるものである。

これをソニー不動産のサービスになぞらえると、創業時から進めてきた片手取引がエージェント制に当たり、「おうちダイレクト」で進めようとしているのが、ＦＳＲＯに当たる。当初は片手取引にこだわっていたソニー不動産だが、売り主にとって2つの選択肢があるほうが望ましいと考え、「おうちダイレクト」を始めた。

売り主は「おうちダイレクト」を利用すると、自分が決めた価格で自由に物件を売り出せるので、「売り急いでいないが、高値で売れるなら売りたい」という人にも歓迎された。その際に売り主は、物件の情報を入力するだけで、「不動産価格推定エンジン」によって成約価格を予測することができる。このエンジンには、ソニーの持つディープラーニング（深層学習）技術が応用されており、算出した推定価格と実際の成約価格の誤差率は5・24％（2017年9月時点）と、精度はかなり高い。

また買い主も、いまだ売り出されていない物件に対して購入希望を表明したり、売出物件の所有者にネット上で直接質問ができたりするなどのメリットがある。

２０１７年７月から「おうちダイレクト」は、個人売り出しの仲介だけでなく、お任せ売却（従来のソニー不動産のエージェント制と同じ）、そして買い取りという３つの選択肢を揃え、消費者に選んでもらえるようにした。同社では、「選択肢は多く、仕組みは単純に」というポリシーでメニューを広げている。

待ち受ける課題

ソニー不動産の片手取引は、不動産業界にとって、インパクトの大きいものであった。また「おうちダイレクト」も、個人間取引の道を開くため、業界の秩序を乱すものとして、ＦＲＫからヤフー不動産への物件情報の提供停止などの対抗措置が取られた。既存の不動産業に影響がないのであれば、ソニー不動産の登場は無視されたであろうが、これほどの報復を受けたということは、既存の不動産会社にとって、ソニー不動産のビジネスモデルが無視できない脅威であったことを示している。

このようなインパクトの大きいソニー不動産のビジネスモデルであるが、最後に今後の課題を考えてみよう。

第１に、「おうちダイレクト」は、仲介の話が進めば、ソニー不動産の担当者が内覧や契約に関わることになっているが、そもそもの入り口はネットが契機となる。米国に比べると、個人間取引が始まったばかりの日本で、買い主が売り主に適切な質問ができるほどの不動産リテラシーを持っているかといえば、疑問が残る。不動産売買は一生に1~2回しかない商取引であり、インターネットの普及で情報格差は小さくなったとはいえ、専門的なノウハウを持つ消費者はいまだ少ない。

そうなると「おうちダイレクト」の顧客は、さまざまな助言を受けやすい高額所得者、ネットでの高額取引に抵抗のない人、不動産に詳しく、自分から積極的に情報を取りにいくアクティブな人に限られてしまう。米国では不動産取引の2割が個人間売買といわれるが、日本で個人間売買が2割に達するまでには、まだ相当の時間がかかるのではないだろうか。

プラットフォームに「誰が」「いつ」参加してくるのか

第2に、「おうちダイレクト」は、サイトの中立性を損ね、ソニー不動産だけを利する仕組みと批判されたが、この仕組みがオープンにされ、地方の有力不動産会社がこのプラットフォームに乗ってくれれば、日本における中古不動産の流通は、新しい局面を迎える可能性がある。

以前、楽天バスサービスが、高速バスのチケットのポータルサイトを開設したときに、最初に参加してきたのは、伝統的な大手バス会社ではなく、異業種の経営者や役員を擁する東京空港交通（航空会社出身）、九州産業交通（ＨＩＳ出身）であった。バスと不動産は業界の体質が古く、横にらみ状態にあることも似ており、「おうちダイレクト」のプラットフォームに、「誰が」「どのような順序で」参加してくるかは、参加する業者にとっても、ソニー不動産にとっても、とても難しい意思決定であるといえよう。

「新築神話」に終止符は打たれるのか

第3に、不動産取引に関しては、新築の場合は売り主は10年の瑕疵担保責任を負うが、中古住宅の場合はそれがない。以前、事故車を偽って売ったり、走行距離を操作した車をそのまま販売した悪質な中古車販売業者がいたが、中古不動産の場合にも、情報の非対称性から、経済学でいう「レモン市場[*10]（lemon market）」のリスクが残る。

リアルの不動産取引でも同じ問題は避けられないが、何度も対面する不動産会社の信用力でそれを補ってきた面がある。一方、ネットで物件を選んでいくとなると、信用力がますます問われる。実際にはマッチング後にソニー不動産が間に入り、安心な取引ができるようにしているが、消費者には「おうちダイレクトは個人間取引」というイメージが強いため、その修正も課題であろう。

中古マンションの取引は増えていくことが予想される。近年では中古マンションの建物診断（ホームインスペクション）を行う企業も増えてきており、行政も後押しの方向にある。今後、信頼できる第三者組織が、不動産の品質認証をするような仕組みを持てば、ネットを入り口としたマッチングの不安感も減ってくるであろう（基本的には、高額な商品の場合、事前の検査か事後の保険しかないと思われる）。

第4に、不動産は「新築を買った翌日から下落する」と言われており、米国などに比べて日本では中古価格の下落が激しい。[*11] われわれはこれを当然のものと受け止めてきたが、この下落のために買い替えや住み替えが積極的に進まなかったり、消費者が〝負動産〟を抱えてしまうケースも少なくない。

米国の住宅に比べて日本の住宅の品質が著しく劣ることはないはずであり、中古の価格下落は、それによって儲かる業界・企業があったことが推測される。日本国民がより豊かになるためには、「新築神話」から脱し、住宅ローンの返済に一生を縛られる状況から解放されることが望ましいが、ソニー不動産のビジネスモデルが、中古不動産流通の改革に一石を投じられるか、今後も注目されるところである。

14 生命保険に透明性とわかりやすさを

保険料の内訳を公開――ライフネット生命保険

戦後初の独立系生保の誕生

ライフネット生命保険は、戦後初の独立系生保として2008年に開業した、インターネットを主たる募集チャネルとする生命保険会社である。創業時の株主は、マネックス銀行、新生銀行などであり、2012年にマザーズに上場した。

過去、日本の生保は、営業職員を中心とする人的販売が中心であった。保険の必要性を感じていない消費者に対して、ニードを喚起し、簡単には理解できない保険の仕組みを説明するために、人的プッシュが必要であったのである。

そもそも生命保険は提供する保険会社と消費者の間の情報の非対称性が大きく、商品の仕組みや手続きが消費者にはわかりにくいものであった。そこでライフネット生命は、「正直に、わかりやすく、安くて、便利に」という、透明性を前面に出した経営理念を掲げた。

子育て世代の保険料を半額にする

ライフネット生命は、次の4つを特長としている。

第1は、ネット中心で営業職員を持たないことから、その人件費分だけ伝統的生保に比べて保険料が安くできる。同社は、「子育て世代の保険料半額」を目指した。たとえば、ライフネット生命の40歳男性の10年の定期保険の保険料は、大手生保より約4割安い。*12

第2は、「保険をわかりやすく」というポリシーから、特約をすべて廃止した。複雑な生保商品の仕組みの中でも、契約者にとって特約は特にわかりにくかったが、生保会社にとっては収益源であった。しかしライフネット生命は、特約を廃止して本体（本契約）だけにし、わかりやすくした。

第3に顧客としては、被保険者に万一のことがあった場合、残された人の負担が重い子育て世代をメインターゲットとした。しかし、子育て世代は生活に余裕がなく、多額の保険料は払えない。そこでライフネット生命は、働けなくなるリスクに対応する「就業不能保険」

を、２０１０年から個人向けに本格的に販売開始した。就業不能保険は、万一病気やケガで働けなくなったときの逸失収入を補う保険であり、従来は損保や生保が主に団体向けに販売していたが、既存の生保は必ずしも力を入れてこなかった（市場の伸びを見て、最近では他社も就業不能保険に力を入れ始めている）。

また２０１７年８月には、就業不能保険とがん保険を組み合わせたような「働きながら治療する」がん保険をライフネット生命は発売した。これは、就業不能保険の保険金支払者の６割ががんによるものだったことから生まれた商品であった。

タブーへの挑戦

ライフネット生命の第４の特徴は、保険料における付加保険料の割合を、２００８年11月に生保業界で初めて開示したことである（開示に際して、事前に金融庁の了解は得ていた）。生保の保険料は、純保険料と付加保険料からなる。純保険料とは、将来の保険金支払いに備える費用であり、付加保険料とは、経費にあてられるものである。従来生保会社では、大量の営業職員を抱え、コストをかけた営業体制を採っているため、付加保険料の比率が高く、コストの公開はタブーであった。これをライフネット生命は、開示したのである。

付加保険料の割合を開示するのは、製造業にたとえるなら、〝製造原価と経費〟の内訳を

図表2−11　保険料の内訳（死亡保険の例）

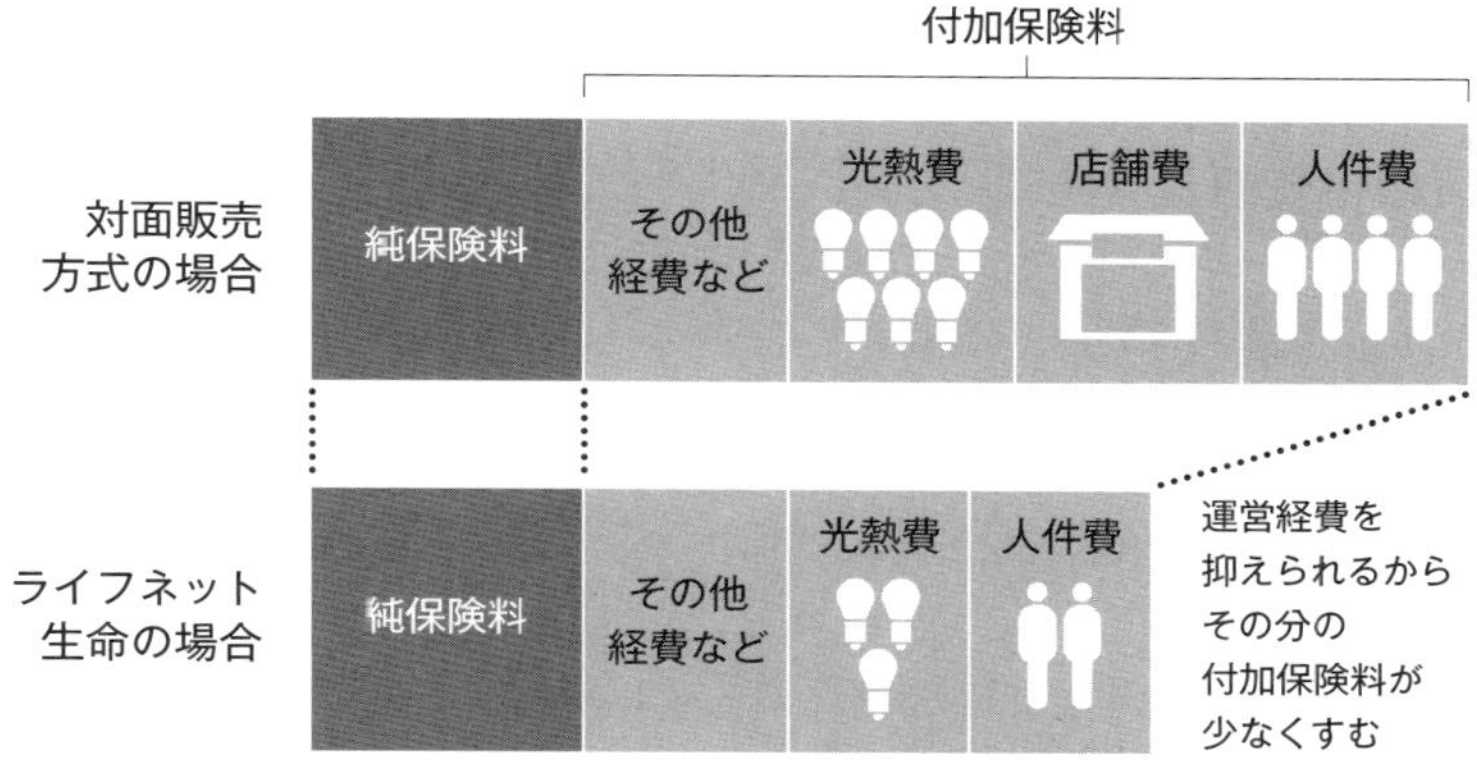

※付加保険料と純保険料の割合は、年齢や商品の種類などにより異なります。

ライフネット生命ディスクロージャー誌「ライフネット生命の現状」p.8

公表したようなもので、伝統的生保企業から反発を招いたのは当然だろう。ちなみに、ライフネット生命の場合、30歳男性の定期保険で、保険期間10年、保険金額1000万円の場合、保険料に占める付加保険料の割合は34％（2017年8月現在）である。

出口治明元会長は、「たとえば、ライフネット生命の保険料が1000円とすれば、300円が経費で、製造原価が700円です。一方同業他社は、同種の保険を保険料2000円ほどで販売していると想定され、製造原価は弊社と変わらず700円程度ですが、経費に1300円かかっていることになる」*13と説明した。伝統的生保の保険料の多くが、営業職員や営業拠点の費用に消えていることを、暗に示唆したものである。実際、付加保険料の開示以降、同社の契約は伸び始めた。

大手生保はなぜ同質化できなかったのか

こうしたライフネット生命の戦略に対して、営業職員を中心とする伝統的生保は以下のような理由で、同質化を仕掛けてこなかった。

第1は、人的販売からネット販売に追随すると、これまで企業の資産としてきた営業職員が不要になってしまう。大量の営業職員を廃止してネットへという戦略は、伝統的生保はとりにくい。一方で、東日本大震災の際には、営業職員が現地に足を運んで生存確認をしたことを、マスメディアを使って積極的にアピールした。改めて営業職員の価値を訴えようとしたのである（ライフネット生命も確認を行ったが、当時はまだ契約者数も少なく、都市在住者が多かったこともあり、あまりニュースとして取り上げられなかった）。

第2に、収益源である特約を、みすみす廃止することはあり得なかった。特約は仕組みが複雑で、消費者にとってはわかりにくいが、そのほうが、営業職員によるプッシュ型販売を行う意義も大きかったのである。

第3に、手数料内訳の公開に関しては、公開すると営業職員、営業拠点にかかるコストが高いことがわかってしまうため、追随できなかった。

ネット系生保間の競争

既存の大手生保には同質化されなかったライフネット生命だが、ネット系生保間の競争とは無縁でいられたわけではない。

ライフネット生命とほぼ同時にネット生保に参入したのが、ＳＢＩアクサ生命保険（現アクサダイレクト生命）であり、その後、楽天生命保険（２０１３年にアイリオ生命保険から社名変更）、オリックス生命保険などが、それまでの郵送による通信販売などから、次々とネット生保に参入してきた。彼らはライフネット生命とほぼ同じビジネスモデルで、安い保険料をセールスポイントとしてきた。

ライフネット生命は、保険事業のみの企業であるのに対し、競合のＳＢＩアクサ生命保険、楽天生命保険、オリックス生命保険などは、同じグループ内に多くの顧客基盤を持っており、その強みを生かしてきた。また保険料に関しても、ライフネット生命を下回る商品も出してきている。

信頼性とチャネルの拡大

ネット生保の場合、信頼性がネックであった。ネット銀行やネット証券なら、瞬時に取引が終わり、結果も見える。自動車保険ならば、期間は1年で終わる。しかし生保の場合は、20~30年契約が続く。支払保険料の合計は、住宅より安いが自動車より高い、人生で2番目に高い買い物になる。こうした大きな買い物をする場合は、商品の善し悪しだけでなく、加入する企業の信頼性も問われる。

ライフネット生命はネット生保の老舗ではあるが、一般消費者の信頼性を勝ち取るのに苦労していた。

そこでとった戦略が、2014年から保険ショップ最大手の「ほけんの窓口」と提携し、同チャネルで対面販売も始めたことである。就業不能保険という多くの消費者が知らない保険をネットだけで加入してもらうのは難しいと考え、対面での説明を行うことにしたのである。

さらに2015年4月には、KDDIとの資本・業務提携を発表した。KDDIはライフネット生命の株式の15・95%を取得して、筆頭株主となった。これによって、ライフネット生命はバックにKDDIという知名度の高い大企業の信頼性を持ち、かつauユーザーという多大な顧客基盤も持つようになった。KDDIにとっても、銀行や損保はすでに手がけており、生保への進出を計画していたところであった。

顧客接点として、スマホ対応も積極的に進めた。「iPhone」が普及して以来、若い世代の中には、パソコンを持たずにスマホですべてすませる人も増えてきた。ライフネット生命では当初、「こんな小さな画面で保険には入らない」[*14]と考えていたが、それは誤りであった。スマホサイトをリニューアルした結果、2017年にはネットの申し込みの半分はスマホ経由となった。職業別では、セールスパーソン、看護師など、パソコンの前に座っている時間の短い人が、スマホで多く契約していた。

しかし、スマホ経由のアクセスが増えることで、申込完了率（最後まで契約にたどりつく比率）が下がるという課題も露見した。[*15]手続きの途中で離脱してしまうのだ。スマホの場合、軽い気持ちで試しに最初のページを開ける人が多く、それが申込完了率を低くしている面もある。

KDDIとの提携により、auショップでの対応も始まった。ただしauショップに保険勧誘の資格を持つ保険募集人は少ないため、パンフレットなどは店舗に置くが、実際の説明・加入に関しては、ネットや電話に誘導するようにしている。

ハイブリッド戦略の明暗は

保険は、もともとストック型のビジネスのため、利益が出るためには、ある程度の年数がかかる。したがって、すぐに利益を計上することは難しいといえよう。

最後にライフネット生命の今後を考える上での課題を分析してみよう。

日本の生保市場は40兆円であるが、ネット生保はいまだ200億〜300億円にとどまっている。その意味では、まだ市場を十分開拓できていない状況といえる。

ライフネット生命は開業10年を迎えたが、環境的には、追い風が吹いているといっていいだろう。たとえば、①フィンテックの普及、②ビッグデータの活用、③金融庁などが力を入れようとしているフィデューシャリー・デューティ（受託者責任）の追求などである。さらに保険に関する情報の非対称性が下がるにつれ、自分で判断し、自分の意志で加入したい消費者も増えてきた。

しかし今後の経営においては、難しい舵取りも必要とされる。

第1に、前述のように、ネット系企業の多くが踊り場に来て、リアルチャネルとのハイブリッド戦略に転換しつつある。同一組織に「2つのビジネスモデルを共存させる」ことは永遠の課題であり、ハイブリッド戦略は、スタートアップ時のビジネスモデルを弱体化させるリスクもはらんでいる。

また代理店に販売を委ねると販売手数料が発生するため、これまで同社が強みとしてきた付加保険料の安さが維持できなくなる可能性もある。

量的成長か、ニッチの追求か

第2に、ターゲット設定とストック顧客のズレの問題がある。

かつて資生堂は、若い女性をターゲットにブランド「イプサ」を発売した。当時、資生堂ブランドは、〝信頼できるが、お母さんの化粧品〟のイメージが強く、若い女性の中にはそれを敬遠する層もあった。そこでイプサは、一切資生堂の社名を出さずに展開した。覆面ブランド化は成功し、新たな外資系化粧品会社の参入と思っていた人もいた。

しかしイプサが人気を集め、愛用者も増える過程で、年月がたち、愛用者も年を重ねてきた。女性の肌は、年齢とともに変化していくため、当初20歳代をターゲットとして開発されたイプサも、〝イプサ・シルバー〟を開発すべきか否かという課題にも直面した。

同じような問題が、ライフネット生命にも起きる可能性がある。創業時のスローガンは、「子育て世代にリーズナブルな保険を」であった。しかし創業から10年経過し、現在の加入者の平均年齢は約39歳になった。

ストック型の性質を持つ生保の場合、何もしなければ加入者の平均年齢は毎年上がっていく。収益源として40歳代をリテンションしていかなくてはならないが、既契約者と新規契約者の年齢層がズレていく中で、今後どのようにブランドをポジショニングしていくべきか。マスメディアへの訴求力が強い同社だけに、そのコントロールは難しい。

最後に、そもそも「大数の法則」が働く保険業界において、ニッチ戦略が長期的に優位性を維持し続けられるであろうか。特に生保では、加入者が少ないことが有利に働くことは、まずない。

それゆえ、ライフネット生命においても、加入者、加入件数を増やす必要がある。近年の有人チャネルへの進出、ＫＤＤＩとの提携、がん保険への進出などはその意欲の表れであろう。しかしそれによって、ニッチ企業の〝ニッチ度〟が緩み、個性の薄いフォロワー企業になってしまうリスクもある。

似たような例として、東海地区に特化して利益率が高かったサークルＫが、サンクスと合併して全国規模の企業になったことで、逆に業界内ではフォロワーの位置づけになってしまい、利益率が低下した例がある（その結果、サークルＫ・サンクスは、ファミリーマートの傘下に入ることになった）。

生保業界の中で独自性を出すために、明確なターゲット、コンセプトを究めるか、企業の成長のために量を求めるかのトレードオフは、今後ライフネット生命を悩ませていくかもしれない。

＊　＊　＊　＊　＊　＊　＊　＊

ソニー不動産、ライフネット生命に共通する事業特性として、以下が挙げられる。

第１には、情報の非対称性が高く、企業側の持つ情報・ノウハウが、消費者の持つ情報・

ノウハウをはるかに上回っている。その非対称性は、インターネットの普及によっても、簡単には解消できる分野ではない。

第2には、一生に1度か、せいぜい数回しか購入しない高価な商品・サービスをビジネスとしており、それをネット中心のチャネルで販売する難しさを持っている。単価が高いことから、購入の意思決定は慎重にならざるを得ない。ネットを武器に伝統的企業と差別化を図ってきた両社であるが、両社とも最近は、ネットとリアルのハイブリッドなかたちにシフトしつつある。

第3には、ドメスティックな市場で、かつ日本的慣行が根づいている分野である。生保は営業職員によるプッシュ型のニード喚起が中心となってきた。不動産は、1つの仲介業者が売り主と買い主の両方の代理をして、手数料を得る両手取引を目指すプレーヤーが、業界の中心にあった。いろいろな意味でパワーのある既存企業と競争していかなくてはならず、業界の抵抗も並大抵ではない。

こうした3つの事業特性がある中で、両社は旧態依然とした業界構造変革への挑戦を続けているのである。

第3章

見えないところにある ビジネスモデルのツボ

1 見えないビジネスモデルの優位性

本書の冒頭で紹介したエプソンのケースと前章での事例研究を通じて、成功しているビジネスモデルには、外部から観察可能な部分だけでなく、外部から見えにくい部分に、重要な仕組みがあることがわかった。社内の人間にしかわからない部分、競合企業にしかわからない部分に、そのビジネスモデルを機能させる鍵が隠されていた。本書ではそうした部分を、「見えないビジネスモデル」と呼ぼう。

ケースとして取り上げた企業の、見えるビジネスモデルと見えないビジネスモデルを整理すると、図表3－1のようになる。ここに挙げた見えないビジネスモデルを分析すると、そこには「コスト構造」と「競争構造」での持続的な優位性があることがわかる。以下では、この2つの視点から整理していこう。

図表3−1　見えるビジネスモデルと見えないビジネスモデル

	見えるビジネスモデル	見えないビジネスモデル
エプソン	大容量インクタンクのニーズに応える	カニバリゼーションは同一組織で吸収
	海外の違法改造業者の駆逐	レーザープリンターが強い他社は同質化しにくい
セブン銀行	他行カードによる引出手数料が収入源	低コストに設計された特別仕様のATM
	ATM店舗から撤退したい金融機関とwin-win	ALSOKの紙幣補充は月1回
		「売上金入金サービス」でコストをかけずに紙幣補充
ソニー損保	優良運転者には、保険料をキャッシュバック	優良運転者比率が高くなれば、事故率が下がり支払保険金が減るのでコストが下がる。そのためキャッシュバックしても儲かる
	非優良運転者は保険料が割高になり、ソニー損保には加入しない	他社から自社に優良運転者が乗り換えるほど、他社の優良運転者比率は下がり、他社の収益は悪化
成田空港	何もなかった通路が免税店街に	土地代がかからない独占的敷地の活用
	訪日客にとっては、運搬不要の免税品購入の最後の場	ハブ空港間での非航空系収入競争
三菱電機	常にフラグシップを目指す商品開発	夜間に遠隔操作で保守。コスト削減と安全性の両立
	入構ゲートとエレベーターの連携	法律で保守が義務づけられており、20年目に更新需要が発生
リクルート	価格破壊のオンライン動画学習	蓄積される学習履歴のビックデータ
	教育費と時間と空間の制約を取り払う社会的事業	空間制約がなく、グローバル化の先兵に
		新たなプラットフォームで顧客拡大

図表 3−1　続き

	見えるビジネスモデル	見えないビジネスモデル
リバイバルドラッグ	余剰医薬品を他の薬局で有効活用	ポイント制で公平さ確保し、同社も損はしない
	破棄を減らして、医療費抑制にも貢献	医薬品を買い取らないため、消費税の負担も軽くてすむ
ソラコム	格安でIoT。ユーザーのコストを固定費から変動費に	顧客数増加とともに価格を引き下げるため、他社は参入困難
	アプリケーションはユーザーに任せる	AWSを使い倒すノウハウは追随を許さず
ランドスケイプ	有力SFA企業とは戦わない	SFA企業が営業をしてくれるので、営業コストが削減される
	正確な事業所データベースを提供	大手は、面倒な社名確認や名寄せ業務に参入しづらい
カーブス	手軽に通える安い会費	水回りをなくして、けた違いに安い賃料
	フィットネスクラブに通っていない層を開拓	販促は口コミ。既会員がロールモデルに
		幽霊会員をつくらず、退会者を減らす
		夜間休日は閉店し、ESも向上
ソニー不動産	片手取引のエージェント制	既存不動産業は両手取引のため、収入が半減する片手取引には消極的
	個人間売買のプラットフォーム	不動産価格推定エンジンで、売り手が自ら値付けを行う
		エージェント制、FSBOで中古不動産流通の変革を目指す
ライフネット生命	ネットを販売チャネルとして、保険料半額を実現	付加保険料の割合公開は、伝統的な生保ではタブー
	子育て世代にフォーカス	ニッチ追求と大数の法則のトレードオフ
	ネット完結から、auチャネル、保険ショップのハイブリッド型へ転換	

2 持続的なコスト優位

ビジネスモデルにおけるコスト

第1章で紹介した過去のビジネスモデルの型の研究では、「収入の上げ方」によってビジネスモデルを分類してきた。たとえばジョンソン（2010）は、ビジネスモデルの型として、ひげ剃りと替え刃型、フリーミアム型、セット販売型、従量制料金型など、計19を挙げたが、そのほとんどが収入の上げ方の分類であった。その後、日本で出版されたビジネスモデル書でも、「収入を上げる型」を論じたものが、ほとんどであった。*1

しかし、企業が持続的成長をしていくために必要な利益を上げ続けるためには、収入の検討と同じくらい、費用（コスト）の検討が必要であろう。「収入－費用＝利益」であり、収入だけ検討していても利益が出るようにはならない。いくら収入の上げ方にユニークさがあっても、低コストで事業を回していける仕組みがなければ、早晩そのビジネスモデルは行き詰まってしまう。

会計学におけるコスト

コストに関しては、以前から会計学の分野で研究が進められてきたが、伝統的な会計学では、図表3－2のようなコスト削減の方法が示されてきた。製造業における代表的な費目を示しているが、費目がMECE（もれなく、ダブリなく）である保証はなく、かつサービス業の場合には、これらの費目では使いにくい。

一方、業種・業態を越えたフレームワークとして、図表3－3のようなロジックツリーも示されている。これはMECEの重要性を示すために作られたものであるが、多くの企業では、ここに書かれているような施策はすでに実施してきたと思われる。さらにその内容を見ると、「今かかっているコストをいかに下げるか」を考えるには役立つが、これから新しいビジネスモデルを構築する際には使いにくいことがわかる。

新しいビジネスモデルでは、今かかっているコストをいかに下げるかではなく、どのようなところに自社で費用を投じ、どこには投じないかを決定し、最初から低コストで回る仕組

図表3－2　収益構造改善と損益分岐点の引き下げ

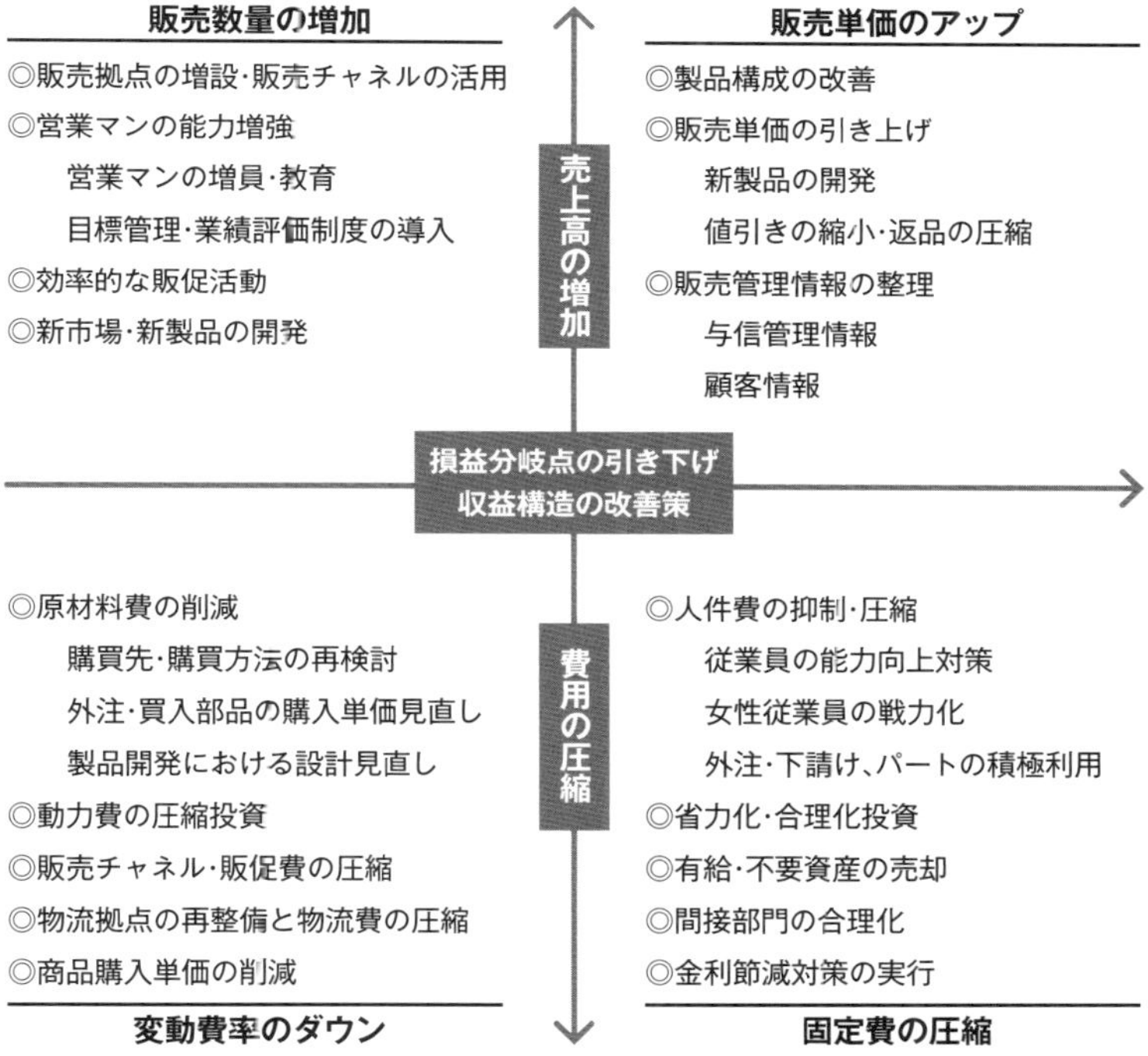

出所：松田修一（1992）『ビジネス·ゼミナール　会社の読み方入門』日本経済新聞社

図表3－3　コスト削減のロジックツリー

- わが社のコストを削減することは可能か
  - 変動費を削減することは可能か
    - 原材料費を削減することは可能か
    - 販促費を削減することは可能か
    - 物流費を削減することは可能か
    - 商品の購入費を削減することは可能か
  - 固定費を削減することは可能か
    - 人件費を削減することは可能か
    - 間接部門を合理化することは可能か
    - 遊休・不用資産を売却できないか
    - 支払金利を削減することは可能か

出所：グロービス・マネジメント・インスティテュート（2001）
『MBAクリティカル・シンキング』ダイヤモンド社を一部修正

みを構築することが重要である。

　やや乱暴な言い方をすれば、伝統的な会計学の視点は、コストの「削減」には役立つが、コスト構造の「構築」にはあまり有効ではないといえる。たとえば会計学でよく使われる損益分岐点分析は、「いかに固定費を下げるか」に力点が置かれており、「固定費を持たない」という発想には立っていない。

　コストを下げていくのではなく、最初から低コスト構造を作り込むという意味からは、「原価企画」という考え方がある。原価企画とは、「原価発生の源流に遡って、バリューエンジニアリングなどの手法をとりまじえて、設計、開発、さらには商品企画の段階で原価を作り込む活動」（加登、1993）と定義される。

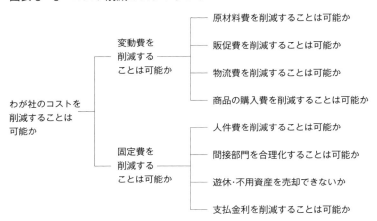

原価企画では、製造段階以前からのコストを検討し、コストは結果ではなく、製品に吹き込むものととらえている。言い換えれば、生産技術、品質、営業など全体として、コストを作り込んでいく考え方である。

ビジネスモデルの場合も、原価企画の考え方と同様、最初から安いコストで設計し、それを回していかなくてはならない。

ビジネスモデル構築書におけるコスト

それでは、ビジネスモデルの「構築」を主眼として書かれた書籍では、コストはどのように扱われてきたのだろうか。ビジネスモデルの構築において、世界で一番利用されているといわれるオスターワルダーほか（2010）の「ビジネスモデルキャンバス」を見ると、コストはビジネスモデルに必要な要素の9つのうちの1つとして挙げられ、さらに次の4つに分類されている。

①固定コスト
②変動費
③規模の経済

④多角化の経済性

これを見ると、残念ながら同書の分類も、会計学でいうコスト削減の視点と大差がないことがわかる。

同書とともに、ビジネスモデル構築のフレームワークとして有名な、ジョンソンの『ホワイトスペース戦略』においても、コストに関しては、利益方程式という箱の1つとして掲げられているが、その説明としては、「直接費と間接費。規模の経済を考慮する必要がある」と、簡単に述べられているだけである。

このように、ビジネスモデルの構築に主眼を置く書籍においても、「収入をいかに上げるか」のほうに主眼が置かれており、コストに関する言及は、非常に少ない。

3

コスト優位創出への新しい視点

本書の事例研究を通じて、成功しているビジネスモデルは、最初から持続的に優位なコスト構造を持っていることが明らかになった。以下では伝統的な会計学の分類とは異なる視点から、低コストの構造を構築する方法を考えていこう。

やらない

ドラッカー（1964）は、「コスト削減の最も効果的な方法は、活動そのものをやめることである。コストの一部削減が効果的であることはまれである。そもそも行うべきでない活動のコスト削減は、意味がない」という名言を残している。*2

削るよりも、やらないほうがコストは大幅に下がる。ビジネスモデルの構築において、最初から「やらない」と決めることは、事業を行っている途中で「やめる」決定をするよりも、より容易である。

■セブン銀行、カーブス

セブン銀行はリテール・バンキング（B to C）に徹し、法人業務（B to B）は一切やらないことにした。そのため、法人営業に必要な人件費やシステムがゼロになった。また決済に特化し、他の銀行と競合しないため、他行はATM事業をセブン銀行に委託しやすくなった。

カーブスは、夜間・休日の営業をやらないと決めた。フィットネスクラブにとって夜間・休日はかき入れ時と思われるが、カーブスは店を閉めている。主なターゲット層である主婦に、夜間・休日は家庭での団欒にあててほしいという理由と、女性が中心のスタッフに夜間・休日は休んでもらうことによって、従業員の確保や従業員満足の面でもプラスの効果があると考えている。

■ランドスケイプ

ランドスケイプは、大手SFA企業と競争するのをやめた。同時に、SFAソフトの自社での開発・販売もやめ、SFAの中の企業情報データだけを提供することにした。これによって、ＳＦＡ企業が営業も行ってくれるため（次項の「顧客にやってもらう」にも関係するが）、営業コストも削減することができた。

■西松屋、QBハウス

少子化にもかかわらず、成長を続けているベビー・子ども用品チェーンの西松屋の店長は、小売業の中核業務の1つである発注業務をやらない。[*3] 西松屋では、どの店舗に何を納品するかは、すべて本部が決めている。そのため、たとえば1人で5つの店舗の店長を兼ねることも可能である（1人ずつ店長を置いた場合とのコスト差は、明らかである）。

この仕組みは、現社長の大村禎史氏が構築した。彼は京都大学大学院の工学研究科修了で、山陽特殊製鋼から転じ、サービス業の現場にメーカーの生産性の考え方を植え付けた。「余計な機能を取ること」をポリシーとしており、減らすのではなく、やめることでローコスト・オペレーションを実現した。

さらにQBハウス（企業名はキュービーネット）では、洗髪、ひげ剃りをやめて、1000円（税抜）の価格を実現した。この2つは、お客が自分でもできることであり、忙しいビジネスマンにとっては、散髪の待ち時間や滞在時間を短くするほうが価値が大きかった。

■サウスウエスト航空

元祖LCCといわれる米国サウスウエスト航空は、全機種をボーイング737に統一するとともに、座席指定を一切なしにした。これにより、座席番号を記載した券が不要になるだけでなく、座席管理システムも単純になった。さらに、座席を指定しないことから、バスに乗り込むのと同じように、先着者から詰めて乗るようになり、搭乗にかかる時間が短縮されて定時運行が可能になった。好きな席に座りたい顧客は、ますます早く空港に来るようにもなった。

この結果、「15分ターン」と呼ばれる、驚異的に短い着陸から次の便の離陸までの折り返し時間が実現され、少ない機体での多頻度運航が可能になり、低価格でも利益を出せるようになったのである（サウスウエストは1時間程度の短距離路線が多いことから、仮にターンアラウンド時間が倍に延びると、必要とされる機体が2倍以上に増え、利益は激減してしまう）。

また、機内での食事サービスもやめた。1時間程度のフライトの水平飛行の間に食事を出して、食べてもらい、回収するというのは、本来は安全確認業務を優先すべき客室乗務員にとって多忙を極める業務であった。乗客もせわしなく感じていたため、廃止しても問題にならなかった。

このように、「やらない」ことが企業のコストダウンだけでなく、同時に顧客のメリットにもつながることが、重要なポイントといえよう。

顧客にやってもらう

コストを削減するうえで、サービス業の場合は、とりわけ人件費をいかに下げるかがポイントになる。その際よく用いられるのが、正社員をパート・アルバイト等に置き換える方法であるが、これでは「コスト削減」にしかならない。それよりも劇的に低コストでできるのが、「顧客にやってもらう」ことである。

生産者（提供者）対消費者（受益者）という関係が強固な事業や、企業と顧客の情報の非対称性（情報の格差）が大きい場合には、顧客は企業から製品・サービスを施される「受け身」の存在になる。しかし、インターネットの普及により、さまざまな分野で、企業と顧客間の情報の非対称性は小さくなってきた。

このような状況において、企業のコストの一部を顧客に転嫁する、すなわち「顧客にやってもらう」ことは以前より容易になってきた。

■セブン銀行、ソラコム

セブン銀行の場合、飲食店等が、その日の売上を夜間金庫代わりに入金してくれる売上金入金サービスによって、ATMへの紙幣充填コストが大幅に下がっている。この背景には、銀行の夜間金庫廃止という追い風があった。もし売上金入金サービスがなかったら、ALSOKに支払う現金輸送費で、セブン銀行の利益は大きく圧迫されていたはずである。

ソラコムも、アプリケーションづくりはユーザーに任せ、それを触発する「場」だけを提供することに徹している。ソラコムが特定の色を付けないことによって、そこではユーザー同士が、創意工夫した事例を交換し合っている（2017年にKDDIの傘下に入ったことにより、NTTやソフトバンクと親密な企業とは、協業はやりにくくなったが）。

■リバイバルドラッグ、ソニー不動産

リバイバルドラッグは、余剰になった医薬品の同社への発送は、売り手である薬局自身にやってもらっている。

ソニー不動産では、同社が開発した不動産価格査定エンジンを提供することによって、売り主が自分で売値を決められるようにしている。これによって、売り主の価格への納得感も向上している。

■クラブツーリズム、カーブス

高齢者のツアーに圧倒的な強みを持つクラブツーリズムは、リピーター客にお小遣い程度

の報酬を払って、旅行情報の月刊誌を配ってもらっている。また、テーマ旅行の場合は、そのテーマに詳しい人に、添乗を手伝ってもらっている。「エコースタッフ」と呼ばれる方々は過去に同社で旅行をした顧客で、現在は約7000人が登録されていて、同社では重要な役割を担っている。エコースタッフ同士が一緒に旅行に出掛けることも多く、売上増にもつながっている。

カーブスも会員募集にあたって若干の広告宣伝はしているが、最大の販促チャネルは会員の口コミであり、新規入会者の52%が口コミで入会している。入会者は半年程度にわたって平均4~5回の口コミを受けてから入会しており、既会員が健康に関するロールモデルにもなっており、会員の継続にもプラスの影響を与えている。

■プロネクサス

プロネクサスは1930年に株券の印刷会社として設立され、現在では有価証券報告書の印刷で、競合の宝印刷との2社寡占となっている。創業者は「印刷屋」と呼ばれることを嫌い、事業を進化させ、今日では、「ディスクロージャーを支援する企業」を標榜している。

主力業務の有価証券報告書に関しては、2001年から金融庁に電子データで決算書類を提出するEDINETの運用が始まり、デジタル化が一気に進んだ。しかしデジタル化に対する取り組みは、宝印刷とプロネクサスは違っていた。

宝印刷は顧客から原稿を受け取り、同社内でデジタル化を進める傾向が強かったが、プロネクサスは、顧客自らが社内でデータを入力し、それをＥＤＩＮＥＴ方式に変換し、顧客自身で数字の整合性のチェックを行えるシステムとした。

経理部、財務部にとって数字のミスは致命傷になる。プロネクサスのシステムは、入力業務をやってもらうため、顧客の作業は増えるが、その分ミスも早く発見できる。このシステムは、顧客企業には時間短縮と信頼性向上、プロネクサスにはコストダウンというウィン－ウィンになる成果をもたらした。

■ウィキペディア

似たような例としてウィキペディアは、最もコストがかかる用語の解説作業を、外部のボランティアを募って行ってきた。さらに多くの閲覧者に、〝事実上の校閲者〟の機能を託している。これは、「誤った情報は正したい」という人間の本質的欲求を、うまく活用したものである。

このようにして、お金のやりとりが発生しないボランティアベースで、瞬く間に百科事典の老舗ブリタニカの牙城を崩してしまったのである。

■トランスファーカー

オーストラリアを拠点とするトランスファーカーは、無料のレンタカーの仕組みを持っている。乗車地点、降車地点、日時、車種が合えば、顧客は無料でレンタカーが借りられる。これは実は、乗り捨てられた車を、顧客の力を借りて営業所に戻しているのである。同社は、他のレンタカー会社の乗り捨てられた車のデータベースを持ち、それを営業所に回送させることで、他のレンタカー会社から収入を得ている。他のレンタカー会社は、自社でやるより回送費を安くでき、顧客は無料でレンタカーが使え、ウィン－ウィン－ウィンの関係にある。

■ウーバー、エアービーアンドビー、楽天

ウーバー、エアービーアンドビー、楽天市場等においては、顧客である利用者・購入者がレビューを投稿することにより、品質管理がなされている。

ほかにもクラウドソーシングの会社は、発注者にはワーカーの品質評価を求め、ワーカーには発注者の発注の仕方や報酬などの評価を求め、それを公開している。その評価が、次のマッチングの貴重なデータとなっている。

■ヤマト運輸

eコマースの急増や再配達の増加などから、宅配便ドライバーの長時間労働が社会問題となった。クリック1つでさまざまな商品が買えて家まで届けてくれるため、消費者の利便性は高まるが、人手不足を背景に、宅配業者は〝多忙貧乏〟に追い込まれた。

宅配便に関しては、ヤマト運輸はフェイス・トゥ・フェイスでの高品質な配達が差別化ポイントであったが、「配達員と顔を合わせたくない」「配達を待つのが嫌だ」という消費者も少なからずいた。たとえば、夜間に配達される荷物を受け取るのが不安だという1人暮らしの女性は、少なくなかった。

そこでヤマト運輸は、すべての消費者にフェイス・トゥ・フェイスで玄関先まで届けるのではなく、対面を求める層と、非対面で利便性を求める層にセグメントを分け、別々の対応をすることにした。非対面を望む層には、宅配ボックス、コンビニ受け取り、ロボネコ（自動運転の車に宅配ロッカーを積む実験）などの方法を考えた。

コンビニ受け取りは、セブン&アイ・グループも行っているが、顧客に最寄りのコンビニから自宅までの「ラストワンマイル」を運搬してもらうという施策ともいえる。この方法により、自分の好きな時間に取りに行け、配達を待つ必要もない。現状ではコンビニ受け取りで配送料が割り引かれるわけではないので、顧客に無料で運搬してもらい、ヤマト運輸、顧客の双方がウィン－ウィンになる仕組みといえよう。

■ミスミ

BtoBで、顧客にやってもらってコストダウンを実現した例として、金型部品の通販から発展してきたミスミが挙げられる。ミスミは、金型部品、プラスチック加工部品などの価格が、一品生産のために高くなっていることに着目し、全国で同じ部品を必要とする会社が数社あれば、それを標準品としてカタログに掲載するようにした。それによって、コストと納期を大幅に削減した。

しかし、ミスミ社内には当時、製図を引ける専門家はほとんどいなかった。そこで当時の田口弘社長が考えたのが、顧客に製図を引いてもらう方法だった。カタログの終わりに方眼紙のページを設けて、希望する部品がカタログになければ、そこに製図を引いて返送してもらうようにしたのである。その結果、ミスミは送られてきた製図を、そのまま工場に送り、標準品を増やしていった。

金型部品の設計者にとっては、ほしいものがあれば、口頭で説明するより、製図を引いたほうが早い。巻末の方眼紙は、顧客である設計者の職人意識をくすぐる、素晴らしい仕掛けだったのである。

仕組みを変える

持続的競争優位のためには、競合企業より2割コストが安い程度では、同質化されてしまう可能性が高い。競合の半値、10分の1になって初めて、圧倒的なコスト優位を維持できる。1けた違う価格づけを可能にするためには、伝統的企業とは仕組みを変え、まったく違うコスト構造が必要である。

■リクルート、ソラコム、カーブス

大手予備校の月謝が1万円の水準であるのに対して、リクルートの「スタディサプリ」は月額980円と、破格の価格設定をした。この価格は、競合である予備校ではなく、ゲームソフトを意識した値付けであったが、講師を抱え、校舎を構える大手予備校では、絶対に追随できない価格であった。これは校舎、講師という固定費を持たないことと、有名講師とのライセンス契約（変動費）というかたちをとることで実現できた価格づけである。

ソラコムのSIMも、1日10円というけた違いの価格を実現した。これはMVNO事業に必要な専用のハードウェアを、ソフトウェアに置き換えることによって実現できたのであった。そしてソラコムは、事業が大きくなるにつれて、赤字にならない程度に価格を引き下げていった。このやり方は、アマゾンのAWSと同じ考え方であり、新規参入者への参入障壁

は、高いままである。
カーブスは、フィットネスクラブにつきもののプール、シャワー等の水回り設備を廃止した。そのため、通常のオフィス用ビルでも出店できるようになり、選択できる物件数も増え、コストも大幅に下がった。水回りの固定費が不要なことに加えて、水道光熱費も削減できることから、通常のフィットネスクラブより安いオペレーションコストが実現できた。

■セブン銀行、三菱電機、ダイソン

セブン銀行のATMも、既存のATMを改良するのではなく、通帳なし、小銭なしのATMをNECとゼロから共同開発して、従来1台800万円ほどしていたものを、200万円程度に抑えた。基本設計をそもそも変えないと、4分の1のコストは実現できない。一方で、開店時間が限られている銀行のATMとは違い、24時間停止しないATMとして、これも基本設計を変え、稼働率99・9%という高い信頼性を実現した。

三菱電機のエンベーターメンテナンスにおいては、遠隔管理システムを取り入れ、人が現地に行かなくても保守ができる仕組みを作り上げた。保守事業で「人が出向かない」ということは、コスト面で見た場合画期的なことであり、そこに三菱電機の通信、センサー等のハイテクが使われていることは見逃せない。

ロープとおもりと滑車でカゴを移動させるというエレベーターの原理は、大昔から変わっていないが、その保守の見えないところにハイテク技術が使われ、信頼性の向上と低コストが同時に実現されている。

ちなみに、英国のダイソンも日本ではサービス拠点が少ない。そこで、掃除機の調子が悪い場合にお客様相談室に電話すると、電話口で掃除機の音を聞かせてくれと依頼される。その音を解析することによって、故障原因を特定できるようにしている。

■青山フラワーマーケット

街にある花屋の多くは、ＢtoＣだけでなくＢtoＢ事業を持ち、ホテルや冠婚葬祭業に定期的に花を納めている。彼らはセリでつぼみの状態で落としてきた花を、店内の冷蔵庫で寝かせ、開花し始めたころに納品している。

これに対して青山フラワーマーケット（企業名はパークコーポレーション）は、ＢtoＣに特化し、花束を中心に、２〜３日で花を売り切ってしまう花屋チェーンである。したがって店内に冷蔵庫はなく、人通りの多い場所に狭い間口の店舗で開業できる。２〜３日で売り切るため、多少開きかけた花も仕入れられる。つぼみと開きかけた花の仕入れ原価は、もちろん後者のほうが安い。

ＢtoＣに特化し、売り切るビジネスモデルにしたことから、固定費も変動費も大幅に低い構造を実現したのである。

■コストコ、ベニハナ・オブ・トーキョー

一般的な小売店では、倉庫やバックヤードに納品された商品を、店員が店頭に陳列する。その並べ方に、店独自のライフスタイル提案があるといわれてきた。

ところがコストコ（Costco Wholesale Corporation）に代表される会員制倉庫型店は、逆転の発想で、消費者に倉庫に来てもらい、ほしい商品をカートで運んでもらう仕組みにした。倉庫での陳列は最小限にし、「倉庫を店舗にした」ことで、コスト構造をまったく変えてしまった。

似たような例として、ハーバード・ビジネススクールのケースにもなった「ベニハナ・オブ・トーキョー」や「田中オブ東京」が挙げられる。彼らはハワイをベースとする鉄板焼きレストランで、客の目の前でショー的要素を織り込みながら料理を作るという「料理のエンタテインメント化」（ベニハナでは「Theater of Stomach」と呼んだ）を実現すると同時に、厨房スペースをなくした。

また肉を切って焼くだけなので、1番賃金の安いクラスのシェフでまかなえ、8〜10名が座る1テーブルの調理が同時進行していくため、客の回転率も高めることができる。こうして、低コストながら、楽しみながら食事ができ、それなりの客単価を実現したのである。

「利益を確保するためには、価格弾力性が低いイノベーター層に比較的高い価格で販売し、そこで得られたキャッシュと経験効果をもとに、徐々に価格を下げていく」というのが、伝

統的なマーケティングにおける価格設定の定石である。しかしこの方法だと、巨大な資源を持っている大企業に同質化されると、大企業が得意とする原価低減力で価格設定の主導権を奪われ、逆転されてしまう可能性が高い。

1けた違う価格設定は、努力によってではなく、仕組みを変えることによってしか実現できない。それは、新たなビジネスモデルの先発者に与えられた特権でもある。

固定費の変動費化

固定費がやっかいなのは、売上が減ってもそれに比例して費用が減らない点にある。そのため、「固定費を変動費化」することによって問題を解決する方法がある。固定費が変動費になれば、たとえ収入が減っても費用も同時に減ってくれるため、倒産のリスクは下がる。

■リクルート

リクルートのスタディサプリは、大手予備校の持つ校舎、講師という固定費を抱えなかった。コンテンツのコストを、講師へのロイヤリティというかたちで変動費にした。講師にとっては、視聴されればされるほど収入が増え、コンテンツ制作にますます磨きがかかる。一方リクルートにとっては、収入以上に費用は絶対に増えない仕組みといえた。

■カルチュア・コンビニエンス・クラブ

「ＴＳＵＴＡＹＡ」チェーンを運営するカルチュア・コンビニエンス・クラブ（ＣＣＣ）は「ツタヤディスカス」を展開している。[*4] ＣＣＣでは、ビデオの通販レンタルであるツタヤディスカスを始めるにあたって、ＤＶＤやブルーレイのディスクを映像会社から買い取るのではなく、所有権を映像会社に残し、ＰＰＴ（Pay Per Transaction）という出来高払いにより、変動費にすることにした。

地域のツタヤ店舗と違ってツタヤディスカスは日本全国を対象とする通販のため、もしディスクを買い取っていたら、人気作品については同じディスクを何万枚も映像会社から買い取らなくてはならない。しかし映画は流行に左右されやすく、昨年の大ヒットが翌年にはほとんど貸し出しがないことも起きる。そのため変動費化は、全国を商圏とするツタヤディスカスにとっては、必須の仕組みであった。

一方映像会社にとっても、売り切ってその場で売上を計上するよりも、ロングセラーを出せば、安定した収入が毎年得られるというメリットがあったのである。

■リレーライズ

米国のベンチャー企業リレーライズは、レンタカー会社であるにもかかわらず、自社でレンタカーを保有していない。空港から出発する人の車を、空港に到着した人が借りる仕組みを作った会社である。

これまで出発する人は、旅行中、空港の駐車場に高い駐車料金を払っていたが、リレーライズを利用することによって、逆にレンタル料を受け取れるようになった。これは、顧客の自家用車という資産を利用して、本来なら駐車場代として出ていくはずのキャッシュを、逆にレンタル料として入ってくるようにした画期的なビジネスモデルといえよう。*5

サンクコストの〝回収〟

サンクコスト（埋没費用）とは、すでに投資をしてしまい、後から回収できないコストのことをいう。工場を建設したり、自動化ラインを作った企業が、環境変化により、その工場やラインが使えなくなっても、それに投じたコストは戻ってこない（もし売却すれば、多少の現金収入は得られるかもしれないが、減価償却が終わっていない機械・設備であれば、財務会計上は固定資産売却損・破棄損という大きな損失が発生する）。

しかしサンクコストだとあきらめていたものでも、その機械・設備を外部の顧客のために稼働させることによって外販収入が得られれば、キャッシュフロー上では、投資を〝回収〟していく効果がある。最近のシェアリングエコノミーの多くは、このやり方に基づいている。

厳密にはこれはコストの範疇には入らず、ビジネスモデル上では収入の範疇に入るが、最近急増しているビジネスモデルであることから、ここで論じておくことにする。

■成田空港

サンクコストを〝回収〟している事例として、成田空港の免税ショップ街が挙げられる。成田空港がオープンしてしばらくは、その場所はただの通路にすぎなかった。しかし空港の民営化、空港間競争の激化を契機に、発着料等の航空系以外の収入を増やしていく必要が出てきた。

そこで目を付けたのが、それまで活用されていなかった通路であった。その場所は他社が手を出すことのできない独占的立地であり、かつどちらかといえば経済的に余裕のある人が、航空機の出発よりかなり前に到着し、時間を持て余していた場所であった。

さらに税関検査後の通路は、免税での販売に最も適した場所であった。成田空港で免税品を購入できれば、免税手続きも容易で、訪日客にとって荷物を運搬する手間も最小になる。実際に訪日客の間では、「最後に成田で買う」ことがSNSで広まっていった（数年前に、成田の免税店で電気炊飯器を約10台購入した爆買い客が現れ、それを機内に持ち込もうとしたことから航空会社とトラブルになり、以降免税店では電気炊飯器の販売をやめた）。

■NEXCO中日本、JR東日本

空港と同じような発想で、サンクコストを〝回収〟しているのが、高速道路のパーキングエリア、サービスエリアであり、JRの駅ナカ事業である。高速道路で先行したのは中日本高速道路（NEXCO中日本）で、100％子会社の中日本エクシスで、パーキングエリア以外では買えない品揃えの店舗を誘致したり、エンタテインメント設備も増やしてきた。

かつてのパーキングエリアは〝トイレタイム〟のためのもので、限られた駐車スペースで回すためには、いかに停留時間を短くするかが課題であった。それが今では、停留時間をいかに長くするかに重点が変わってきた。

JR東日本は、以前から「ルミネ」という駅隣接のビルでテナント業を進めてきたが、駅ナカの空間を商業施設と考えることによって、最高の立地に気づいた。駅ナカ事業は「エキュート」と呼ばれ、今ではデパートの中に駅があるような駅さえ登場してきた（運営は、100％子会社のJR東日本ステーションリテイリング）。

（以前から商品搬入のために駅のプラットフォームを利用してきたが、水はけを考えてプラットフォームが歪んでいるのを知らず、当初は商品を積んだ台車が線路に転落する事故も起きた。これは、駅を商業地として利用する発想がなかったことを物語るエピソードの1つかもしれない。）

4 持続的な競争構造

レガシー企業との競争

見えないビジネスモデルにおけるもう１つの重要な視点が、「持続的に強い競争構造を持つこと」である。新しいビジネスモデルで瞬間風速的に世間をあっと言わせることができても、その市場がおいしく見えれば、競合企業が参入してくることは必至である。

新たなビジネスモデルを構築した企業は、２つのタイプの競争業者と戦っていかなくてはならない。１つはレガシー（伝統的）企業との競争であり、もう１つは自社が構築したのと同じビジネスモデルの企業との競争である。まずは前者との競争から見ていこう。

リクルート、ぴあ、セコムのように、競合企業がほとんどいないブルーオーシャン市場を開拓して大企業にまで成長した例もまれにあるが、多くの場合は、同一の機能を提供してきた伝統的企業が市場に先に存在している。

伝統的な大企業が競合となった例としては、「スタディサプリ」に対する大手予備校、セブン銀行に対する大手銀行、ライフネット生命に対する大手生保、ソニー損保に対する大手損保などが挙げられる。また伝統的な小規模企業が競合となった例では、QBハウスに対する街の理髪店、ブックオフコーポレーションに対する古書店、ガリバーに対する中古車販売店などが挙げられる。

レガシー企業との競争においては、①レガシー企業の「資産」を「負債」にしてしまう戦略、②レガシー企業のバリューチェーンの中に入り込んでしまう戦略が有効である。

レガシー企業の「資産を負債にする」

「資産の負債化」とは、資産（資源）を持っていることが、逆に環境変化への対応の足かせとなってしまうことである。*6 リーダー企業が蓄積してきた資産が大きいと、新しいビジネスモデルを仕掛けてきた企業に同質化（模倣）を仕掛けられない。蓄積してきた資産は、リーダーの企業側に蓄積された「企業資産」と、ユーザー側に蓄積された「市場資産」の2つがある。

■エプソン、リクルート

企業資産が負債になるために同質化できなかった例が、エプソンの大容量インクタンクプリンターにおける、国内市場でのキヤノンであった。プリンターには、安価なインクジェット方式と高価なレーザー方式がある。キヤノンはレーザープリンターでトップ企業であり、大容量インクタンクプリンターがターゲットとしている中間ボリュームゾーンは、できれば得意なレーザーでカバーしたい。キヤノンにとっては、わざわざ単価の安い大容量インクジェットに同質化する必要はなかったのである。

またインターネットで動画教材を届けるスタディサプリに対して、大手予備校は校舎という貴重な資産を持っていたため、それを捨ててまで同質化は仕掛けられなかった。

■ソニーのウォークマン

あまり知られていないが、アップルが「iPod」を発売する2年前の1999年に、ソニーは携帯音楽プレーヤー（デジタル・オーディオ・プレーヤー）の初代商品を発売していた。ソニーが開発したメモリーカードのメモリースティックに、音楽を圧縮して記録する「メモリースティック・ウォークマン」である（後にメモリースティックは、フラッシュメモリーに変わった)。

だが、オーディオメーカーとしても高いブランドイメージを誇るソニーは、しばらくはｉＰｏｄの後塵を拝していた。

その大きな要因が、音の圧縮方式であった。ソニーはＭＤで採用したＡＴＲＡＣを発展させたＡＴＲＡＣ３という自社開発の圧縮方式を、メモリースティック・ウォークマンに採用した。ＡＴＲＡＣ３は著作権管理が厳しく、複製は原則作れない方式になっていた。ソニーはグループ内にＣＤ制作会社を抱えており、ＣＤの孫コピーが出回ると、ＣＤの売上が減ってしまうことを懸念したのである。

対するアップルはグループに音楽会社はなく、ｉＰｏｄはそれ以前に米国を中心に普及していたＭＰ３プレーヤーが採用していたＭＰ３方式にも対応した。ＭＰ３の音楽は複製が容易で、これがＭＰ３プレーヤーが普及した要因でもあった。ＭＰ３プレーヤーからの乗り換えも多く、後発のｉＰｏｄはソニーのウォークマンをはるかに上回るスピードで普及し、世界の携帯音楽プレーヤーのデファクト・スタンダードになった。

ソニーはそのままではシェア奪回が難しいと判断し、２００４年にはＭＰ３方式にも対応するように仕様を変えた。さらに２００５年には、アップルの標準の圧縮方式であるＡＡＣにも対応し、アップルからの乗り換えも促した。それでも、シェアは簡単には取り戻せなかった。

その後ソニーのウォークマンは、２０１１年に国内販売台数でアップルを抜き、以降は首位を続けている。[*7] しかしこの台数には、電話機の「ｉＰｈｏｎｅ」（日本では２００８年発売）がカウントされていないため、音楽が聴ける携帯プレーヤーのシェアは、ｉＰｈｏｎｅを足すと、様相が変わってくる。

その後ソニーは、２０１２年にはブルートゥース対応イヤホン、２０１３年にはハイレゾ対応ウォークマンを出し、アップルに対して差別化を仕掛けた。これらは、オーディオメーカーならではの差別化であり、王道ともいえる。

このケースはグループ内に音楽会社を持っていることにより、それが次の戦略を考えるときに、資産ではなく負債になってしまった典型例といえよう。逆にアップルから見れば、米国のユーザーの手元に蓄積されたＭＰ３の音楽ファイルを、そのまま自社の資産として取り込み、瞬く間にＭＰ３プレーヤーを駆逐してしまった。

■ＡＩＵは追随しにくい「カード上乗せ保険」

海外旅行保険では、日本ではＡＩＵが長年トップを続けてきた。そこに新しいタイプの保険が登場してきた。

従来は、旅行のたびに保険に入るか、もしくはクレジットカードの付帯保険で間に合わせるかの、二者択一であった。しかし毎回保険に入ると家族で旅行する場合、結構な金額になり、一方カードの付帯保険では、治療費などの補償額が少なく、不安が残った。

そこに登場してきたのがカード上乗せ保険である。クレジットカードの付帯保険を前提とし、不足する部分だけを「上乗せ」するタイプの保険である。上乗せ保険は、海外旅行のリピーターで保険に詳しい層に好評である。*8

死亡保険金などはカードの付帯保険で十分であるが、治療費用、救援費用などの保険を付け足すケースが多い。北米で集中治療室（ＩＣＵ）に入ると、１日当たり１００万～２００万円かかり、手術費用が数百万円することもある。また治療中に帰国するための航空機をチャーターする救援費用は、１０００万円かかるといわれている。これでは一般カードの治療保険１００万円、ゴールドカードの３００万円では不足する。

上乗せ保険で先行したのは、損保ジャパンであり、２００２年に「Ｏｆｆ！（オフ）」のオーダーメイドプランを発売した。主契約の治療費用以外の補償内容や金額を自由に選べる保険で、２０１６年のオリコン日本の顧客満足度調査で1位を獲得した。

また、２０１４年にはジェイアイ傷害火災保険が、カード会員を対象に「クレカプラス」を発売した。さらに２０１６年には、三井住友海上、あいおいニッセイ同和損保、東京海上日動なども続いている。

ＡＩＵの海外旅行保険は、確かに一日の長がある。たとえば、カード付帯保険やカード上乗せ保険の多くは、現地で受診料をいったん立て替え払いし、帰国後に保険金を請求する必要がある。これに対してＡＩＵの保険は、現地で直ちに保険適用となり、立て替え払いする必要がない。

ニーズがあるとは知りながらも、ＡＩＵはカード上乗せ保険に同質化を仕掛けにくい。それをすると、顧客に最適な設計で作られたはずの自社のこれまでの海外旅行保険を、自ら否定してしまうことになるからだ。

一方クレジットカード会社にとっては、不足する治療費用などの保障額を引き上げると、現行の年会費では見合わなくなる。しかしながら年会費を値上げすると、カード会員が離脱する可能性もある。そのため保障額は不足するが、カード会社も同質化を仕掛けにくい状況にある。

■ソニー損保

市場資産が負債になるために同質化を仕掛けられなかったのが、テレマティクス自動車保険におけるソニー損保の「やさしい運転キャッシュバック」に対する東京海上日動である。東京海上日動は市場シェア1位で、日本一の加入者数を誇っている。この加入者の分布が、日本全体の自動車保険加入者の分布と相似しているからこそ、大数の法則が成り立ち、保険というビジネスが成り立つ。しかし、ソニー損保が進めている優良ドライバーだけを囲い込む戦略は、パイが小さくなり、トップの東京海上日動は採りたくても採れない。

また保険の料率を決めるときに、大量の加入者を抱える東京海上日動の場合、日本全体の事故の分布と近いことから、損害保険料率算出機構が出してきた料率を、わずかな修正で使えると考えられる。

一方ソニー損保は、もともとネットからの加入者が多く、さらに「やさしい運転キャッシュバック」で優良ドライバーが累積的に増えていくため、料率の決定には独自のノウハウが必要である。東京海上日動にとっては、料率の算定に多くのコストをかけるわけにはいかないため、同質化を仕掛けにくいといえる。

■ソニー不動産

ソニー不動産は「片手取引」を原則とし、囲い込みをしないフェアなエージェント制を採用した。このやり方に、既存の不動産会社は猛反発したが、決して同質化はしなかった。同質化を仕掛けると、両手取引による売上が半減してしまうからである。

さらにソニー不動産はヤフーとの提携に活路を見出そうとしたが、ここでも大手の不動産会社は、不動産情報の提供停止という手段に出た。

ソニー不動産は、売り主、買い主という2つの市場資産を持つ既存の不動産会社の「資産」を「負債」にした。片手取引がとるに足らない戦略であれば、大手企業は無視したかもしれないが、両手取引のうまみがあったがために、特に大手企業の激しい反発を招いたといえよう。

■スカイマーク

スカイマークは、日本航空、全日空に続く第三勢力を目指し、1998年に就航したが、LCCの登場や運航トラブル、エアバス機のキャンセル違約金などが重なり、2015年に民事再生法を申請した。その後は赤字を脱却し、2016年からは黒字幅を拡大している。

同社は再建策として、以下の5つに取り組んだ*9。

①不採算路線からの撤退
②機体の統一
③法人契約
④定時運航
⑤サービス向上*10

②はLCCにとっては定石であるが、スカイマークもすべての機体をボーイング737に統一することによって、パイロットの融通がきき、整備や訓練のコストも下がり、遅延時の代替機が利用しやすくなった（機体統一によってヒューマンエラーも減り、安全性も高まる）。

同社は、同機をすべてリースにしている。

マーケティングで最も力を入れたのが、③の法人契約である。JAL、ANAを選択する乗客にとって、マイレージが大きなインセンティブであった。しかし、スカイマークはマイレージサービスを実施しておらず、かつ今からマイルを発行しても、累積発行数、路線数などから考えて、大手2社に追いつくことは不可能である。マイルが両社の市場資産だったのである。

マイレージには、仕事で出張する場合、航空運賃を支払うのは企業で、マイルを獲得できるのは個人という、知る人ぞ知る構造があった（マイルを召し上げる企業も一部ある）。そこでスカイマークは、出張費用を安く抑えたい企業に直販を行い、料金を安く、出張につきものの搭乗便の変更も無料にした。

もちろんJAL、ANAも法人営業を行っているが、低価格で販売したうえに、マイルを発行するコストを考えると、スカイマークより安い価格には設定しにくい（かつ、法人営業の客だけマイルを付与しないこともできない）。

会社が「出張はスカイマークで」と決めれば、出張者はそれに従うしかなく、企業の出張コスト削減ニーズともマッチした施策であった。スカイマークは、航空券の購入意思決定者(Decision Making Unit）を、出張者から会社に変えたのである。

バリューチェーンの中に入り込む――機能の代替

レガシー企業は、フルセットのバリューチェーンを企業内に持っているケースが多い。その一部を代替したり、もしくは一部の機能を付加することによって、レガシー企業と新規参入企業との間で競争せず、ウィン－ウィンの関係を作ることもできる。機能の一部だけを担当するため、経営資源の少ない新規参入企業でも、この戦略をとることが可能である。

■セブン銀行、ランドスケイプ

機能の代替に関しては、セブン銀行のATMが典型例である。各銀行が無人ATM店舗を自前で維持するコストが厳しくなったタイミングにセブン銀行は登場し、各行のATM店舗をコンビニATMに代替していった。各行は、コスト的にATM店舗から撤退したかったが、それによって顧客へのサービス水準を下げるわけにはいかなかった。そこにセブン銀行のATMが登場し、サービスレベルを下げずにATM店舗から撤退できたため、お互いウィン－ウィンの関係が実現した。

ランドスケイプは、かつては簡易SFAと事業所データをセットで販売して、セールスフォース・ドットコムなどと戦っていたが、「非競」の戦略に転換して以来、営業支援ソフトは有名なソフトを使ってもらい、中の事業所データだけを提供することにした。大手SFA

企業にとって事業所データの更新作業はわずらわしく、ここはランドスケイプに任せたほうが利益率は上がるのであった。

■ラクスル

ラクスルは、設備稼働率が平均5割程度で、繁閑の差が大きく、多重下請け構造である印刷業界に、「印刷機を持たない印刷会社」として参入した。

印刷業界は最大手の大日本印刷、凸版印刷から、家族経営の会社まで、日本に約2万社あるといわれ、日本の製造業の中で5番目に数が多い（ピーク時は4万8000社あった）。ただしその規模は、従業員10人未満が8割という、零細で設備を抱える受注産業の典型である。

企業が印刷を依頼するときには、地域的に近い既知の業者に依頼することが多く、中小の印刷会社は営業機能の強化は後回しになっていた。

ラクスルはこうした業界特性を踏まえ、「受注のポータルサイト」というかたちで顧客から仕事を受け、それを手余り状態で、必要な技術を持つ印刷会社に発注することで、短納期、低価格の仕組みを作り上げた。手余り状態の印刷会社にとっては、変動費がまかなえれば利益に貢献するため、何もしないよりもラクスルと手を組むほうが得であった。

これをバリューチェーンの視点から見ると、中小の印刷会社の営業機能にラクスルが入り込んだといえよう。これによって、レガシー企業とラクスルは共存共栄が図られ、印刷会社が新規参入者であるラクスルを攻撃する必要はなくなった。

ラクスルは2015年からは、同じ仕組みで荷主と中小運送業者を直接つなげる「ハコベル」事業も始めている。

以上のように、競合企業と戦うのではなく、競合企業が提供してきたバリューチェーンの中に入り込むことによって、共存共栄を実現することができる。

バリューチェーンの中に入り込む――機能の付加

もう1つレガシー企業のバリューチェーンの中に入り込む方法として、新たな機能の付加という方法がある。これは、相手企業が持っていなかった機能を持って、バリューチェーンに入り込む戦略である。

■リバイバルドラッグ、一休

リバイバルドラッグは、従来は卸経由でしか医薬品を調達できなかった薬局に対して、新たな医薬品調達ルートを提供したという意味で、レガシー企業のバリューチェーンの中に新たな機能を付加した例といえよう。

さらに薬局にとって、従来は余剰医薬品は破棄するしかなかったが、他薬局に販売するという新しいルートが加わったことになる。

また旅行予約サイトの一休は、ブランドを大切にする大手ホテル・旅館のバリューチェーンの中に、ネットでの集客機能を付加することで入り込んだ。空室を埋めたいホテル・旅館側のレベニューマネジメント（収益管理）担当者にとっては、自社サイトだけでは十分に潜在顧客にリーチできないため、一休はもはや欠かせない存在になっている。

■コスモスベリーズ

地域の電器店の経営は、厳しくなってきた。その多くが大手家電メーカーの系列店のため、そのメーカーの製品が中心にならざるを得ず、さらに大手量販店のようなバイイングパワーがないため、価格は高く設定せざるを得ない。

一方で地方に行けば、大手量販店にはなじみが薄く、家電の設置作業も考えると、近くの電器店で購入せざるを得ない高齢者が少なくない。この両者をマッチングしたのが、日本一のフランチャイズチェーンになったコスモスベリーズである。

コスモスベリーズは、地域の電器店等に全メーカーの製品を掲載した家電カタログを置く。地元の顧客から注文を受けた電器店の店主は、最寄りのヤマダ電機の店舗にその製品を取りに行き、その日のうちに顧客の家に配達することができる。顧客は電器店に置いていない他メーカーの製品も購入することができ、かつ価格もヤマダ電機とほとんど変わらない。

コスモスベリーズは、地域の電器店のバリューチェーンの中の受注業務に、全メーカー、低価格のカタログを提供し、ヤマダ電機の店舗を「倉庫」として利用できるようにした。一方、ヤマダ電機は、通常ではリーチしにくい高齢者に対して、地域の電器店を通じてアクセスができ、そこで売れれば、メーカーへのバイイングパワーがさらに強まるメリットがある。こうして地域の電器店、ヤマダ電機、コスモスベリーズの三方が得する仕組みを作り上げたのである。

同じビジネスモデルとの競争

1章でも述べたように、ビジネスモデルを特許として守ることは難しくなってきた。新しいビジネスモデルが成功していると見ると、同様のビジネスモデルの企業が参入してくることを防ぐのは難しい。その結果、ブルーオーシャン市場は、たちまちレッドオーシャン化してしまう可能性もある。

先発者は、そうした追随者が出現することを前提として、模倣されないビジネスモデルの強みを磨いておく必要がある。

■成田空港

成田空港はアジアのハブ空港として、韓国の仁川空港、中国の上海浦東空港、タイのスワンナプーム空港、マレーシアのクアラルンプール空港、シンガポールのチャンギ空港などと戦っている。どの空港も大型の滑走路を整備し、キャパシティを増強し、ショップ、レストランなども充実させている。

各空港は、最近ではさらなる差別化も進めている。たとえばシンガポールのチャンギ空港は、ハブ空港としてトランジット客を集めるだけでなく、シンガポール航空と組み、乗換時間が6時間半以上ある客に対して、特別なバスを仕立て、シンガポール市内観光を無料で提供している（乗換時間5時間半以上の客には、文化遺産ツアーを用意している）。

これは、長い乗換時間をつぶすという効果だけでなく、通過点としてのシンガポール空港にとどまらず、観光地としてのシンガポールを体験してもらい、将来のシンガポール訪問につなげる戦略の一環と見られている。

こうした動きに対して成田空港でも、海外からのトランジット客に対し、成田山観光などのツアーを考案中である。

■リクルート

リクルートのスタディサプリに対しては、学研が同じような仕組みで月額５００円の学研ゼミを始めている。しかしリクルートは先行し、かつ加入者が多いことから、いわゆるネットワーク効果が働き、有利な立場を強めている。

蓄積された情報の量により、「つまずき予測」の精度は高まり、効率的な学習方法についてもビックデータ、AIを活用しやすくなる。ちなみにリクルートは、世界で10指に入るレベルのトップAI技術者が米国の拠点におり、量だけでなく、質的にも世界をリードする立場にある。

■ライフネット生命

ネット生保には、SBIアクサ生命（現アクサダイレクト生命）、楽天生命保険、オリックス生命保険などが次々と参入してきた。彼らは営業職員を持たず、安い保険料をセールスポイントとして参入してきた。最近では、ネット生保間での保険料競争も激しくなってきている。

またネット生保の多くが、有人チャネルにも進出し始めており、ここでも競争が激化している。

こうした中、ライフネット生命は、膨大な顧客基盤を持つKDDIと資本提携し、ハイブリッド戦略を一気に加速しようとしている。

■LCCにもアライアンスが

米国サウスウエスト航空を模倣したLCCが世界中に生まれ、今ではLCC同士の競争も激しくなってきた。そうした中、LCCのアライアンスも登場してきた。

2015年11月に中国系4社と韓国1社のLCCアライアンス「U-FLY」が先行したが、2016年5月に、アジア太平洋地域の大手LCC8社が集まり、世界最大のLCCアライアンス「バリューアライアンス」を設立した。日本からはバニラ・エアが加盟した。バリューアライアンスでは、加盟航空会社のウェブサイトを通じて、バリューアライアンスに加盟する航空会社の中から、乗り継ぎルート、利用便などをワンストップで予約・決済できる。LCC間での競争に、差をつける狙いがある。

しかしアライアンスの価値を高めようとすれば、乗り継ぎ空港における陸上でのハンドリング業務が大幅に複雑になり、コスト上昇は必至である。安さがセールスポイントであったLCCにとって、アライアンスによる競争力強化は両刃の剣とも言えよう。

■保険ショップ

従来の営業職員によるプッシュ型営業とは対極の、プル型で複数社の商品を扱う店頭型の保険ショップは、1995年に「ほけんの窓口」グループが設立されたのが始まりであった。ほけんの窓口では、現在生保26社、損保16社の保険を取り扱う。このビジネスモデルは、営業職員を持つ伝統的生保企業のビジネスモデルを否定するものであり、コストと品揃えの豊富さで優位性を持っていた。

しかし保険ショップの人気が高まるにつれ、「保険見直し本舗」「保険ほっとライン（マイコミュニケーション）」「保険クリニック（アイリックコーポレーション）」など、同じビジネスモデルの企業が多数参入してきた。「複数社の保険を比較しながら選べる」という店舗が、大型ショッピングセンターにあふれかえるようになった。

また２０１３年には、従来プッシュ型を堅持してきた住友生命保険が、ほけんの窓口の第三者割当増資を引き受け、第３位の株主となった。さらに２０１５年には、業界トップの日本生命保険が、顧客接点を増やしたいという名目で、ほけんの窓口グループの子会社「ライフプラザパートナーズ」を買収した。さらに日本生命は２０１７年に、ほけんの窓口と競合する「ほけんの１１０番」も買収し、住友生命も「保険デザイン」を買収した。

こうして新しいビジネスモデルである保険ショップは、伝統的企業も資本参加しながら、新旧入り混じり、早くもレッドオーシャンの様相を呈してきた。

第4章

ビジネスモデル構築と運用のポイント

1

ビジネスモデルづくりはOSづくりと似ている

最後に、本書の分析から得られたビジネスモデル構築と運用のポイントについて、まとめておこう。

1人の天才にしかできないこと

冒頭に述べたように、日本の大企業では新しいビジネスモデルを構築するときにビジネスモデルキャンバスを用いている例が少なくない。ビジネスモデルに必要な要素を網羅し、かつ決定すべき要素について、多くのメンバーの英知を集約するのに、ビジネスモデルキャンバスは適した手法だといえよう。キャンバスを前にメンバーが議論しながら作業を進めていくため、日本的な意思決定スタイルともフィットしている。

しかし一方で、過去に登場した画期的なビジネスモデルは、優れた考案者が1人で思いついたものがベースになっている例が少なくない。アマゾンの事業は、創業者のジェフ・ベゾスがレストランの紙ナプキンに描いたポンチ絵がもとになった話は有名である。[*1]

第2章の事例では、ソラコムも、創業者の玉川憲氏がアマゾンのAWSのアナロジーから一晩で考えたプランが、ビジネスモデルの原型になっている。リバイバルドラッグ、ランドスケイプ、リクルートの「スタディサプリ」も、経営者・発案者が1人で思いついたビジネスモデルがベースとなっている。

さらにソニー不動産、ライフネット生命も、ビジネスモデルの骨格は、2〜3人で考えられたものである。

現実には、特に大企業の場合は、リクルートなどの例外を除けば、若い社員が1人で新しいビジネスモデルを考案したとしても、それを実現するためには、社内で何層にもわたる会議を通していかなくてはならない。その過程で、とがった案が丸くさせられたり、「前例が無い」ということで、葬り去られることもある。

現にスタディサプリの発案者であるリクルートの山口氏も、最初の提案は社内の審査会を通らず、一度は断念せざるを得なかった。

マイクロソフトはなぜ分業という手法をとらなかったのか

ビジネスモデルを構築することは、コンピュータのOS（オペレーティングシステム）を構築することと似ている。両方ともビジネスやソフトウェアの基本を決めるものであり、その構築には緻密な論理と、要素間の整合性が必須である。

かつてマイクロソフトは、MSN（マイクロソフト・ネットワーク）という自社独自のネットワークにこだわり、インターネットに出遅れた時期があった。そこでマイクロソフトはインターネットに短期間でキャッチアップするために、その〝OS〟づくりに社内の精鋭メンバーを少数集め、専任のタスクチームを組成した。優秀な技術者は社内の多くの部署から声がかかるため、兼任になりがちだが、その他の仕事をすべて降ろさせ、本プロジェクトの専任としたのである。

専任のほうが質の高いOSを短期間に完成できる理由として、第1にOSのような基本ソフトはそれ自体が1つの思想体系であり、分業で構築するよりも、1人か2〜3人の天才が考えたほうが思想の一貫性が保たれる。

また、OSの構築を分業で行おうとすると、複数グループにタスクを分割するためのコストと、できあがったソフトを1つに統合するためのコストがかかる。思想も固まっていないものをどこで分割すべきかは難しく、各チームが部分最適を追求して作ったものが、足してみたら全体最適にならないことも起こり得る。

このような理由があるため、マイクロソフトでは専業化によりOSを短期間に構築し、その「枝」にあたるアプリケーションの部分は、組織の総力を挙げた〝力技〟で、インターネットにキャッチアップしたのである。

革新的なビジネスモデルは、多人数でワイワイガヤガヤやりながら構築するものではなく、1人かせいぜい数人で構築するものであることを、マイクロソフトのケースは教えてくれる。

2 改善型アプローチにはなじまない

〝輸入〟される経営手法

「日本企業から、画期的なビジネスモデルが生まれてこない」と嘆く声は少なくない。確かに、ソニー、ホンダの時代は過去のものになり、最近の斬新なビジネスモデルは、米国のベンチャー企業発のものが圧倒的に多い。

日本は不思議な国で、毎年のように新しい経営手法が海外から「輸入」され、それが流行する。過去25年を見ただけでも、図表4－1のようなものが挙げられる。

しかしこうして輸入された経営手法が、日本流に「改善」されてしまった例も少なくない。

たとえば、この表より前の１９８０年代に「輸入」されたリストラクチャリングという概

図表4－1　「輸入」された経営手法

輸入された年	経営手法
1991	SIS (Strategic Information Systems: 戦略情報システム)
1992	CS (Customer Satisfaction: 顧客満足)
1993	リエンジニアリング
1994	コアコンピタンス
1995	CALS (Continuous Acquisition and Life-cycle Support: 継続調達とライフサイクル支援)
1996	コーポレートガバナンス
1997	グローバルスタンダード
1998	キャッシュフロー経営
	サプライチェーン・マネジメント
1999	EVA (Economic Value Added: 経済的付加価値)
	ナレッジマネジメント
2000	ビジネスモデル
2001	コンピタンシー、CRM (Customer Relationship Management: 顧客関係管理)
2002	バランススコアカード、コンプライアンス
2003	SRI (Socially Responsible Investment: 社会責任投資)
2004	MOT (Management of Technology: 技術経営)
2005	CSR (Corporate Social Responsibility: 企業の社会的責任)
2006	敵対的M&A
2007	SOX (Sarbanes-Oxley Act.)→ J－SOX(内部統制報告制度)
2008	BCP (Business Continuity Plan: 事業継続計画)
2009	IFRS (International Financial Reporting Standards: 国際会計基準)
2010	クラウド
(2011)	(東日本大震災からの復興)
2013	ビッグデータ
2014	IoT (Internet of Things: モノのインターネット)
2015	フィンテック
2016	シェアリング・エコノミー

注:輸入から普及まではタイムラグがある

念は、本来は「事業構造の再構築」という意味であったが、日本では「人員削減」という意味に転じて使われるようになった。

また1991年のリエンジニアリングは、本来は「業務プロセスの抜本的組み換え」であったが、日本企業は単なるプロセス・コストの削減と読み替えてしまった。そのため、米国から上陸したリエンジニアリング専門のコンサルタント会社は、本来の業務が行えないとして、日本から早々に撤退してしまった。

一方で日本から海外に輸出された経営手法・経営思想としては、過去にはTQC、カンバン、カイゼンなどがあり、最近では野中郁次郎氏が提唱した「知識創造経営」（SECIモデル）などが挙げられる。

しかし輸出された内容を見ると、革新的な発想を求めるというよりは、改善型の発想のものが多い。これは日本人の気質、教育システムとも関係しているかもしれないが、日本人や日本の組織は、現状から改善していき目標にたどりつくアプローチを得意とし、それが身体に染みついている。そのため、「全社一律10％コスト削減」というような課題には、めっぽう強かった。

豊富な経営資源による呪縛

こうした日本企業の得意な改善型アプローチは、ビジネスモデルの構築には機能しない可能性が高い。ビジネスモデルの構築は、現在の儲け方をいったんゼロベースにして、キャンバスに絵を描いていくものであり、既存の事業を改善して生まれるものではない。そうなると、大企業で行われている、優秀な社員を集めたチームでビジネスモデルを考えるというやり方は、はたして機能するのだろうか。

何度も例に挙げて恐縮だが、ビジネスモデルキャンバスには1つ落とし穴がある。豊富な経営資源を持つ大企業で「キャンバス」を使うと、9つの構築ブロックの中のリソースやチャネルの部分に、当然のことながら、自社の持つ資源で利用できるものが記入されやすいのだ。

そもそも日本企業では戦略を考える際に「SWOT分析」を使う企業が多く、知らず知らずのうちに、自社の強み（弱み）から事業を発想するくせがついている。そのくせが、ビジネスモデルの構築の際にも出てしまい、自社の資源が活用できるようなモデルが提言される確率が高くなる。

もちろん、自社資源とまったくかけ離れた非関連多角化はうまくいかないことは知られているが、本来は真っ白なキャンバスの上に描くはずのビジネスモデルが、無意識のうちに既存資源に引っ張られ、その結果、改善型ビジネスモデルになってしまうのである。
実際、「これまでのビジネスモデルでは今後の成長はない」という問題意識からスタートした大企業のビジネスモデル構築プロジェクトから生まれたものが、現状改善型のモデルであったという話は枚挙にいとまがない。

3

社外資源の活用

社外の人材を登用する

自社の経営資源から発想していくと、どうしても改善型モデルになってしまうため、既存の資源に引っ張られないためには、①社外の人間を登用したり、②オープンイノベーションを活用する方法が挙げられる。

前者は、本業の文化に染まっていない社員に、新しいビジネスモデルの構築を任せることである。

ソニー不動産が事業創始期に買収した不動産仲介のフォーラムは、不動産業界の古い商慣行を打ち破ろうという志を持って創設された企業で、社員の大半を不動産以外の出身者が占めていた。ソニー不動産自体も、社員の採用にあたっては、ソニーの金融ビジネスの先輩格であるソニー生命保険が営業マンの採用にあたって、生保以外の出身者を重用したやり方から学んだ。

また成田空港では、リテール事業を推進するにあたって、餅は餅屋ということで、同社では珍しかった中途採用を、流通業出身者を中心に大量に行った。

やや古い例になるが、卸や小売店を経由して文具の販売を行っていたプラスは、本業でお世話になっている卸を経由せず、通販で文具を売るアスクルを始めた。そのリーダーにはプラス出身ではなく、異業種のライオンからスカウトしてきた岩田彰一郎氏が任命された（もし岩田氏の前任がプラスの卸担当部長であったら、アスクルは実現できなかったであろう）。

ほかにもNTTドコモの「iモード」は、元東京ガスの夏野剛氏と元リクルートの松永真理氏が中心となり、NTT社内にあった固定観念を一新するモデルを作った。「スタディサプリ」を開発した山口氏も、リクルートの新卒採用者ではない。

中古車販売でまったく新しい売り方を始めたガリバー（ガリバーについては246ページで詳述する）も、中古車販売業界以外から、従来の売り方に染まっていない人材を積極的に採用した。

JR東日本の駅ナカ事業（エキュート）は、生え抜きの鎌田由美子氏がリーダーとなって進めたが、彼女はJRで初めて、自ら百貨店への出向を志願し、2年出向した。その百貨店での業務経験が、小売り事業を進める上で大いに役立ったという（これは次のオープンイノベーションとも関係する）。

オープンイノベーションを単なる提携にしないために

既存の資源に引っ張られないためのもう1つの施策であるオープンイノベーションに関しては、自社に資源が足りないから、他社の資源を活用しようという程度の発想では、従来の企業提携の枠を出ることはできない。

オープンイノベーションは、「企業内部と外部のアイデアを有機的に統合させ、価値を創造すること」[*2]と定義されるが、「自社で何をやるか」を決めると同時に、「自社で何をやらないか」を決めることも重要である。

図表4－2　オープンイノベーションの3つの側面

1 他社にできないことを自社でやる
I can, but you can't

2 自社ができないことを他社にやってもらう
You can, but I can't

3 自社でやらないほうがいいことを、他社にやってもらう
You can, but I shouldn't

たとえばソラコムは、アプリケーションは自社ではやらないと決め、プラットフォームの魅力を高めることに専念した。

またアップルは、パソコンの「アップルⅡ」「マッキントッシュ」などを販売していたときは、自らハードウェアを作っていた。しかし後の「iPod」「iPhone」になるにつれて、自ら手がけるのは基本コンセプト、iOS、ユーザーインターフェイス、デザインに特化し、内部の部品は台湾メーカー、日本メーカー、韓国メーカーなどに委ねるようになっていった。

日本の大企業は豊富な経営資源に恵まれ、作ろうと思えば製品・部品のほとんどを自社で作ることができる。逆に自社品を使わないと、他事業部からクレームが来るので、高コストであっても自社品を優先しがちである。

特に不況期になると、「バイXX運動」（XXに

は自社名が入る）の号令とともに、他事業部の稼働率向上を優先させ、自社品で固めるようになる。すなわち資源が豊富であるがゆえに、「作らない決定」を下しにくいのである。

パソコンを組み立てる能力を持ち、自らｉＰｈｏｎｅを生産することも可能であったかもしれないアップルが、自らは「作らない」という決定を下したのとは対照的といえよう。

誰かと組むということは、自社ができないことを他社にやってもらうことだけでなく、自社でもできるが、他社にやってもらったほうが効率が良いものを他社に委ねることもある。オープンイノベーションには、図表４－２の３つの側面があることを忘れてはならない。

そして、任せた部分を任せきりにせず、そこもしっかりマネジメントしていく体制がオープンイノベーションには必要である。先のアップルは、部品を日・韓・台メーカーに生産委託しているが、新製品を出すたびに、コスト、品質、リードタイムに厳しい要求を突き付けることを忘れない。

「外注を長く続けていくと、コスト積算のノウハウもなくなり、コスト把握力が弱くなる」と言われるが、設計機能とコストに関するノウハウは、持ち続ける必要があろう。

4

カニバリゼーションを克服する

本業からの隔離だけが答えではない

企業が新しいビジネスを始めるとき、既存事業の売上を喰ってしまうことは、たびたび起きる。こうした新しい製品・事業が既存の製品・事業の売上を減らしてしまう現象を「カニバリゼーション」という。

製品レベルでの喰い合いであれば、市場が決着を付けてくれるので、短期的な問題でかたづく。しかし、ビジネスモデルのカニバリゼーションの場合には、儲け方が相反するため、従業員のモチベーション、事業の評価、会社の将来をどうするかなど、大きな問題になることが多い。

こうしたカニバリゼーションに関して、これまでの経営書では、本業と異質なことを始めるときには、いかに本業と隔離するかが重要とされてきた。社内ベンチャー、社外ベンチャー、別会社化などは、すべてこの流れであった。本業の風土、価値観、評価システムなどが、異質な事業の芽をつぶす可能性が高いからである。

たとえば東京海上日動は、代理店を一切使わない通販ビジネスを始めるにあたって、イーデザイン損害保険という別会社を設立した。

また全日空はＬＣＣのピーチ・アビエーションを設立するにあたって、全日空の歴史において初めて、経営者を出向ではなく完全転籍とし、社員も大量にプロパー採用した。２０１７年現在、社員の９割以上が転職組である。*3 これは、新会社で「３年単黒、５年累損一掃」を達成する覚悟を表すものといわれた。*4

しかし本業を否定するようなビジネスモデルで、かつ本業に伍して伸ばしていく覚悟のある事業の場合には、あえて本業と同居させ、どちらが売れても組織の目標は達成できるという組織体制を取ることも、１つのやり方だといえよう。

本書のケースの中では、エプソンが１つの解を与えてくれる。ブリヂストン、ヨドバシカメラ、ラン航空の３社とともに、本業と同居させる利点を整理してみよう。

エプソン――破壊的ビジネスモデルを本体に組み込む

エプソンでは、同社の収益を支えてきたジレットモデルを自ら壊すような大容量インクタンクプリンターを開発した。この新製品の開発にあたっては、インドネシアの営業部門からの提案はあったものの、実質的にゴーサインを出したのは、プリンター事業部長であった。

従来の考え方であれば、大容量インクタンクプリンターのような既存のビジネスモデルを否定する製品・事業は、本体に影響しないように、別会社で行うべきであったが、エプソンは、既存のプリンター事業部でそれを行うことにした。プリンター事業部長が、「どちらが売れても、事業部の売上が増えればいい」と割り切ったことが、事業を進める上で大きな原動力となった。すなわち、本業を否定するような革新的なビジネスモデルを、あえて従来のビジネスモデルと同じ組織に同居させたのである。

こうした組織戦略も功を奏して、エプソンのインクジェットプリンターにおける大容量タンク型の数量比率は、4割にまで上昇した。

ブリヂストン――トータルで収益を伸ばす

ブリヂストンのリトレッド事業においても、似たような決断がなされた。摩耗したタイヤの表面のゴムを張り替えて再利用するリトレッドによって、顧客がタイヤに払うコストは削減され、省資源、CO_2排出量の削減にもつながる。

ブリヂストンは世界でトップの新品タイヤメーカーだが、リトレッドは新品タイヤの需要を喰う可能性も高い。当然社内ではカニバリゼーションを懸念する声もあったが、この新規事業に本格的に取り組むために、従来子会社でやっていたリトレッド事業を本体に取り込んだ。

本体に取り込むことで、本気度を内外にアピールするだけでなく、カニバリゼーションがあったとしても、本体のトータルの売上、利益が増えていくのであれば、それで良しとしたのである。

現在ブリヂストンでは、新品タイヤ、メンテナンス、リトレッドを一貫したサービスとして、全社で取り組んでいる。また最近では、リトレッダビリティ（リトレッドしやすさ）を高めた新品タイヤを開発するなど、新品タイヤの作り方も変えてきた。将来的には、タイヤにチップを埋め込み、ＩＣＴ技術を用いてタイヤ管理を高度化していく計画である。[*5]

ヨドバシカメラ──顧客本位でネットとリアルを連携

家電の販売において、アマゾンなどのネット比率が高くなる中、リアル店舗を持つヨドバシカメラは、店舗の値札にバーコードを表示し、スマホでそれをかざすと、「ヨドバシ・ドットコム」に飛ぶことができ、リアルとネットの同一価格を保証する仕組みを作った。店舗で購入する顧客は、従来は「もしかしたらネットのほうが安いかもしれない」という不安を持ちながら購入してきたが、その不安をなくしたのである。[*6]

ヨドバシカメラがさらにすごかったのは、自社サイトだけでなく、他のネットショップの価格も同時に表示し、そこから他社サイトにも飛べるようにしたことである。顧客が競合企業に流出するリスクはあるが、自社で囲い込むことよりも、顧客の利便性を重視したやり方といわれている。

あえて他社サイトとの比較を可能にすることで、（仮に最安値でなかったとしても、）かえって顧客からの信頼を勝ち取ろうとする戦略ともいえよう。[*7]

ひと昔前までは、ネットはリアルを喰うものとして対極に置かれていたが、消費者がネットに移っていくことは、時代の流れとして阻止しようもないため、大手量販店はやむを得ずネット販売も開始している。しかしながら店舗とのカニバリゼーションを恐れる企業は、おそるおそる両者を並列させているため、両者の連携は十分とれているとはいえない。

それに対してヨドバシカメラは、リアルとバーチャルを別会社にせず、同じ会社の中で、どちらにころんでも損しない顧客本位の仕組みを作り上げたのである。

ラン航空——3つのモデルを共存

ラン航空は、フルサービスの国際線、LCC、航空貨物という、異なる3つのビジネスモデルを共存させながら、成長を続けているチリの航空会社である。*8

一般には、複数のビジネスモデルを同じ会社で展開するのは至難の業といわれているが、同社では貨物と旅客の需要が同時に落ち込むことはないという事業特性も手伝い、3つの事業を共存させ、シナジーを発揮している。

ちなみには、複数のビジネスモデルを共存させたほうが得か、切り離したほうが得かに関して、カサデサス＝マサネル＆タルシハン（2012）は、次の2項目を挙げている。

①複数のビジネスモデルが物理的資産をどの程度共有しているか

②事業から得られる経営資源とケイパビリティ（組織能力）はどの程度互換性があるか

ラン航空は、ワイドボディ機を国際線と貨物で共有し、LCCとは共有していない。また運航スケジュールや機体整備のノウハウは、フルサービスとLCCで共有しているが、ブランドに関しては切り離して運営している。

ブリティッシュ・エアウェイズ、コンチネンタル航空、KLMオランダ航空、デルタ航空など、複数のビジネスモデルを共存させようとして失敗した航空会社の事例は山ほどあるが、逆にいえば「複数のビジネスモデルの展開はリスクではなく、むしろ戦略家の新しいツールである」（前掲書）ともいえるのである。

5 ビジネスモデルのオープンとクローズ

デファクト・スタンダードをめぐる競争

デファクト・スタンダードを獲得するためには、オープンにするところとクローズにするところを併せ持たなくてはならない（山田 2008、小川 2015ほか）。

ネットワーク効果が働くため、同じ規格を採用する企業やユーザーが多いほうがデファクトを取りやすい。そのために規格を無償公開したり、特許使用料を安く設定するなどのオープン政策が必要である。たとえば、スマホのOSを世界シェアで見るとアンドロイドがiOSを抑えているのは、ソフト開発者やユーザーのネットワーク効果がある。

しかし、すべてをオープンにしてしまうと、儲かる手段がなくなってしまう。古い例であるが、カセットテープの規格は、似て非なる規格が4つも乱立していた。フィリップスが自社の特許を無償公開したため、世界のデファクトになったが、フィリップスには1円の特許料も入らなかった。

そのため、普及させるポイントはオープンにしながらも、見えない部分で自社が儲けられるクローズな仕組みを持たなくてはならない。

かつその仕組みは、市場が創出される前に、事前に設計されなくてはならない。[*9]

たとえばデンソーが開発した「QRコード」は、カメラ付き携帯を始めさまざまな分野で使われているが、バーコードの書式や読み方は無償提供した。しかし、デンソー製のQRコードを読み取る機器（有償）は、読み取り速度が速く、エラーも少ないことから、収益源になっているといわれる。

アドビシステムズがPDF読み取り用ソフトを無償配布する一方、PDFを書き込むソフトを有償としているのも同じである。

見えないところに「儲け」の源泉を埋め込む

こうしたオープン・クローズ戦略は、デファクトがからむ競争において有効と考えられてきたが、本書の事例分析を通して、ビジネスモデルにも似たような性質があることが明らかになった。

たとえばソラコムのＩｏＴシステムは、ＭＶＮＯに必要なハードウェアをソフトウェアに置き換える技術や、ＡＷＳを知りつくしたソラコムだからこそできる低コストでの運営ノウハウは、水面下に隠れていてクローズであり、大企業といえども、そう簡単にまねできない仕組みといえる。一方でアプリケーションに関しては、ソラコムはオープン戦略をとっている。

また「スタディサプリ」は、教材自体は公開されており、第三者がまねようと思えば可能であるが、受講者が増えれば増えるほど、リクルートに蓄積されるデータはますます豊富になり、つまずき予測や模擬試験の精度も上がってくる。

このように、本当に強いビジネスモデルは、見える部分（オープン）は公開し、顧客や協調してもらえる企業を誘引し、見えない部分（クローズ）に本当のノウハウが隠されているといえる。

すなわちビジネスモデルの見えている部分は、ユーザーにもメリットがあり、競合企業もそれに乗ったほうが得だと思わなくては、参加者数が増えない。一方で、見えないところに自社が儲かる仕組みを埋め込むことが重要である。

6 ビジネスモデルは静止画ではなく動画

環境変化への対応

ビジネスモデルは、「Ｗｈｏ」「Ｗｈａｔ」「Ｈｏｗ」を明確にしたり、ビジネスモデルキャンバスを埋めることによって、静止画的にはできあがる。しかし世に出た瞬間に競合企業に同質化されたり、需要の読みに無理があり、短期間に破たんするモデルも少なくない。

短命に終わったリクルートの回線リセール事業などが典型例である。これは、NTTから回線を大口で借り、それを他企業にまた貸しして、鞘を稼ぐビジネスモデルであったが、NTTが回線の価格を下げた瞬間に消滅した。

言い換えれば静止画ではなく、環境変化があっても、動画として回っていくビジネスモデルでなくてはならない。

環境変化に柔軟に対応したものとしては、エプソンが違法改造業者に対応した例、リバイバルドラッグが、医薬品の落札方法を次々と改めた例、ライフネット生命が、ハイブリッドなチャネルに転換した例などが挙げられる。

また当初描いたモデルが予期せぬ結果を生んだ場合も、それに迅速に対応できる態勢を持っていなければならない。

予想外のニーズに応える

リクルートの「スタディサプリ」は、小学4年生から大学受験生までを対象にBtoC型で上市したが、高校の先生から、補習用や先取り学習用に引き合いがあり、すぐに学校に営業担当者を派遣し、BtoBのビジネスが立ち上がった。

さらに、本来のターゲットとは違う社会人が英語や歴史を学んでいる事実を発見し、そう

図表4−3　予想外のヒット商品

企業名	商品	想定した顧客・用途		実際の顧客・用途
キヤノン	電子辞書	外国語を学ぶ日本人用	▶	日本語を学ぶ外国人用
コニカ	現場監督	建設・工事現場用カメラ	▶	ヘビーデューティ用
チェスコム＊	転送電話	留守時の転送	▶	東京に本社を置けない企業のイメージ向上
ヴァル研究所	駅すぱあと	移動・出張前の経路・費用調べ	▶	移動・出張後の清算用、分割定期の計算＊
デンソー＊	QRコード	物流・流通の履歴管理	▶	カメラ付き携帯での読み取り
ソニー＊	ロケーションフリー	別室でのTV視聴	▶	ネットを通じて海外で日本のTV番組視聴
ソニー＊	フェリカ	無人レジ、物流管理用	▶	自動改札、電子マネー

出所：藤川・竹内（1994）に筆者が＊を追加

した需要に対応するとともに、英語に関しては、「スタディサプリ ENGLISH TOEIC対策版」をすぐに開発した。また地理的には、当初は日本の地方在住で予備校通いが難しい生徒をターゲットとしたが、ネットでつながっているため、世界40カ国の在外生徒からも会員加入があり、グローバル化も進めている。

予期せぬユーザーが購入したことによってヒットを生んだ事例としては、図表4−3のようなものがある。

藤川・竹内（1994）はこうしたヒットを生むためには、以下の3点が必要だと述べている。スタディサプリは、この3点を忠実に実行してきたといえよう。

①ターゲットを明確に設定する

②誰が、どのように使っているかの市販後調査
③予期せぬユーザー、使い方に合わせてマーケティング政策を迅速に修正する

7 大手の〝虎の尾〟を踏まない

業界のタブーに触れない

ケースの中で奮闘中として紹介したソニー不動産とライフネット生命は、どちらも公平、合理性を追求したビジネスモデルであり、日本の旧態依然とした市場構造を変えていくには、こうした企業の登場を期待する声も多い。

しかしながら、現時点で業績が期待したほど伸びていないのは、同業大手の反発をもろに買ってしまった影響も大きい（ライフネット生命の場合は、もともと黒字になるまで時間がかかるという、生保特有のストック型ビジネスであることも挙げられる）。

ソニー不動産は、「片手取引」が消費者にとっていかに公平であるかを訴求したが、それは、大多数の不動産会社が行ってきた両手取引を否定するものであった。虎の尾を踏んだソニー不動産に対して、創業直後からネガティブキャンペーンが張られた。さらにヤフー不動産との提携時には、不動産情報の提供を停止されるなどの報復を受けた。両手取引は、業界あげての〝既得権〟だったからである。

ライフネット生命も、保険を真に必要とする若い世代に対するビジネスモデルとして革新的なものであったが、手数料の内訳の開示で、業界のタブーに挑戦した。

ライフネット生命が例示している他社比較が正しければ、契約者が大手生保に払っている保険料のかなりの部分が、営業職員、営業拠点の費用に消えていることになるし、仮に正しくなかった場合でも、大手生保は自社のコスト構造をさらすような手数料の内訳は開示できない。すなわち、大手生保の立場からいえば、ライフネット生命の手数料の内訳開示は、決して触れてほしくない部分であったのである。

ＡＩＲ ＤＯ――ドル箱に参入した代償

ＡＩＲ ＤＯ（当時の社名は北海道国際空港）は、北海道の企業や道民の全面的支援を受けて、１９９８年に就航を開始した。だが、最初に就航した路線が新千歳―羽田線であったことから、大手航空会社の猛反発を買った。当時、大手航空会社の絶対的ドル箱は、羽田―新千歳、羽田―伊丹、羽田―福岡の３路線といわれており、大手から見れば、そのドル箱に、新参者のＡＩＲ ＤＯが低価格戦略を仕掛けてきたのであった。

１９９９年に大手航空会社は、ＡＩＲ ＤＯの便の前後便に事前購入割引運賃を適用した。ＡＩＲ ＤＯは道民割引なども実施して動員をかけたが、マーケティング機能が弱いために収入が伸び悩み、一方で整備コストなどを削減できなかった。結果的に、２００２年に民事再生法を申請し、現在ではＡＮＡの傘下に入っている。

仮にＬＣＣの元祖、米国サウスウエスト航空の最初の運航ルートが、シャトル便が多数飛んでいたニューヨーク―ワシントンＤＣであったら、先行企業から間違いなく報復を受けていたと思われる。実際のサウスウエストの最初の運航ルートは、米国航空大手３社が直行便を飛ばしていなかったダラス、ヒューストン、サンアントニオを結ぶ航路であった。かつ同社は、大手を刺激するような急成長をあえて避け、大手の常識とは逆の、ゆっくりとした成長を心掛けてきた。

QBハウス――使われない洗髪台

洗髪、ひげ剃りを廃止して、1000円で高回転ビジネスを作り上げたヘアカット専門のQBハウスは、消費者には大いに歓迎された。

一方、従来は洗髪、ひげ剃りも含むフルセットで4000円近くもらっていた街の理容室にとっては、1000円の新規参入企業に仕事を奪われては生活に関わる。だからといって、収入が減るため、単価を1000円に下げるわけにもいかなかった。

そこで彼らが使った手段は価格競争ではなく、ロビーイングであった。その結果、伝統的理容室には必ずある洗髪設備を義務化する条例が、全国の自治体で相次いで制定されたのである。2010年には23道県が義務づけていたが、QBハウスの成長に連動するように、2015年には31都道府県にまで拡大した。[*10]

カット専門のQBハウスに洗髪台は必要ないが、条例違反になると営業できなくなるため、泣く泣く〝使われない洗髪台〟を設置することになり、代わりに売上を上げるための貴重な資源である椅子が1つ撤去された。こうして、業界全体からQBハウスは報復を受けるかたちになったのである。

このように、経営資源の少ない新参者が大手企業や業界団体などと真正面から戦い、虎の尾を踏んでしまうと、それが仮に優れたビジネスモデルであっても、成長を妨げられてしまう可能性が高い。

大手企業、伝統的企業は、同質化という方法だけでなく、低価格競争、情報提供の停止、ロビーイング、訴訟など、さまざまな報復の手段を持っている。

そうした報復攻撃をかわすためには、セブン銀行やランドスケイプのように、大手企業のバリューチェーンの中に入り込んでしまうか、大手とウィン-ウィンの関係を作るような仕掛けが必要である。次の2社は、これに成功したケースといえるだろう。

スター・マイカ――「捨てられた」物件で儲ける

スター・マイカは、オーナーチェンジの物件を中心に扱う不動産会社として2001年に設立され、2006年にマザーズに、2017年に東証一部に上場した。オーナーチェンジとは、賃借人が住んでいる状態で不動産の持ち主が変わる取引であり、従来の不動産業者は避けていた取引であった。

それは、空のマンションであれば100で売れるものが、賃借人が住んでいると75程度になってしまうからであった。日本では借地借家法で、賃借人を厚く保護している。賃借人をオーナーの都合で追い出すことはまず不可能で、面倒な賃借人が住んでいる場合などは、仲介業者は手間ばかりかかることになる。

しかし、スター・マイカは、ここに市場があると考え参入した。

スター・マイカが業界他社から排除されなかったのは、伝統的な不動産業者がオーナーチェンジを嫌っていたこともあるが、それだけではない。これまで〝捨てていた〟物件で、手数料収入を稼げるようにしたからである。

スター・マイカはまず、他の不動産業者から紹介を受けた賃貸中の物件を買い取る。そこで売却価額の3％プラス6万円の手数料を支払う。その後、賃借人が退居した時点で、リフォームして売却するが、売却時にも、購入時と同じ不動産業者を仲介者として手数料を払う。こうして不動産業者にとっては、オーナーチェンジの物件をスター・マイカに紹介すれば、行きと帰りで6％の手数料が稼げることになる。このように既存の不動産会社とウィン－ウィンの関係を作ったことが、他の不動産会社から攻撃されず、スター・マイカが成功した要因の1つといえよう。

ラクスル――中小業者に仕事を作る

先に紹介したラクスルは印刷業界に参入したが、印刷会社を敵に回していない。特に低稼働率に悩む中小の印刷会社にとっては、ラスクルが細かい注文をとり、それを手余り状態の印刷会社に振ってくれるので、ありがたい存在である。

ラスクルは印刷を発注するだけでなく、印刷用資材の集中購買も行っている。たとえばインクなどは、中小の印刷会社が個別に購入するよりも安い価格で調達できるようになった。

一方、大日本印刷、凸版印刷などの超大手企業は、ラクスルがやっているような細々とした効率の悪い仕事には手を出せない。

このように、成熟産業に新しいビジネスモデルで参入し、既存企業にとってメリットのあるかたちで事業を展開していけば、虎の尾を踏むことなく、共存共栄を目指すこともできるのである。

8 やせ我慢と現実とのトレードオフ

絞り続けるべきか、緩めるべきか

ビジネスモデルは、やることを決めるだけでなく、やらないことも決めることが必要である。新参者のビジネスモデルでやらないと決めた部分は、伝統的企業がそれで利益を上げてきた部分であることも少なくない。

その、やらないと決めた部分に手を出してしまうと、せっかく構築したビジネスモデルの独自性が失われてしまう。ビジネスモデルを構築したら、ある程度のやせ我慢が必要である。

しかし一方で、あるビジネスモデルで上市してみたものの、市場が大きくならなかったり、そのビジネスモデルを模倣した新規参入者による競争が、予想以上に激化してしまうこともある。

そのような場合に、やせ我慢を続けて「絞ったビジネスモデル」を貫くべきか、あるいは環境に適応してその絞りを緩めるべきかは、大きな決断であり、トレードオフを伴うこともある。それに失敗すると、最悪の場合は「絞り」を失い、フルラインに薄い翼を広げた、単なるフォロワー企業になってしまう危険性もある。

ビジネスモデルは「市場の変化や競合の出現に受け身に対応するのではなく、先手を打って変化させるべき」(西野 2015)という考え方もある、創業期の経営者、事業責任者が、この節目をどう乗り越えるかが、持続的優位性を維持できるかどうかの正念場ともいえる。

ソニー不動産——片手取引へのこだわり

ソニー不動産は、取引の公平さを維持するため、片手取引しかやらないと決めた。また創業時には、手数料を「かかった分だけ」という斬新な仕組みとした。

しかしヤフー不動産と提携した「おうちダイレクト」を契機に、手数料体系が複雑になりすぎるため、他社と同じ定率制に改めた。また「おうちダイレクト」の仕組みは、売り手と買い手の間にソニー不動産しか介在しておらず、現在は売り主から手数料をとっていないが、両手取引的な立ち位置にある。

大手不動産業は、ヤフー不動産に不動産情報の提供をやめ、情報による雪隠詰《せっちんづ》めを狙っている。その中でどこまでやせ我慢を続けられるか、古い慣習が根強い業界において、公平な取引を目指すソニー不動産の真価が問われるところだといえよう。

ライフネット生命、アクサダイレクト生命――ネット専業からハイブリッドへ

ライフネット生命は、「ほけんの窓口」やＫＤＤＩと提携し、有人チャネルも有力なチャネルと見做すようになった。同社はネット専業として業界に参入したが、「ネットのためのネットではない」（岩瀬社長）という判断から、ハイブリッド路線に舵を切った。

ちなみにライフネット生命と同時期にネット保険に参入したアクサダイレクト生命も、銀行窓口での保険販売を始めており、ネット専業の旗は降ろしている。

リクルート、カーブス、ソラコム、ランドスケイプ――やせ我慢の行方は

リクルートは、「スタディサプリ」を始めるにあたって、従来得意としてきたＢとＣをマッチングさせる「リボンモデル」を封印した。事業が進化していく中で、リボンモデルを活用することもできる状況になってきたが、どこまで封印を続けていけるであろうか。

カーブスは夜間と日曜・祝日の営業はやらないと決めた。日本全体で専業主婦比率が下がり、夜と日曜ならフィットネスクラブに通える女性が増えている。一般のフィットネスクラブはみな、その時間帯は営業している。売上を増やすためには、夜間・日曜営業も選択肢の1つである。

しかしそれをやってしまったら、カーブスは普通のフィットネスクラブになってしまうだけでなく、従業員も夜間・日曜に働かなくてはならない。これまでは夜間・日曜が休みであることから、家庭と両立できていた主婦のコーチが、無理して出勤するか、やめざるを得なくなる。その結果、従業員満足の低下が予想される。

たとえニーズがあったとしても、夜間・日曜に店を開けないやせ我慢が続けられるか、これがカーブスのビジネスモデルの持続性を決めていくであろう。

ソラコムも、アプリケーションには進出しないと決めている。彼らには、アプリケーションを開発する技術もあるが、あえてそれをユーザーに委ねている。早期にソラコムのプラットフォームを普及させたければ、汎用的なアプリケーションを作って、自社のＳＩＭと一緒に販売するほうが、スピードも加速できるし、売上も増える。巨大な売上を持つＫＤＤＩの傘下に入っても、当初のビジネスモデルを貫き通せるだろうか。

ランドスケイプは、ＳＦＡのソフトから撤退し、ＳＦＡの中のデータベースだけを競合企業に提供する「競争しない戦略」に転換した。これは同社最大の決断であり、同社のビジネスモデルを一変させた。今後売上が伸び悩んだとき、単価の大きいSFAの昔のモデルの誘惑に負けないことを、どこまで貫き通せるか注目したいところである。

ガリバー――併存する2つのモデル

1998年に設立された中古車販売のガリバーは、消費者から買い取った車を、自ら消費者に販売するB to C事業をやらないと決めた。ガリバーは買い取った直後の7〜10日間に限り、「ドルフィネット」というネット画像販売をした。しかしそれをすぎたら、どんなに魅力のある車であっても、同業者が参加する業者へのオークションに出品した。

従来の中古車業者からは、売れ残りがオークションに出品されたが、ガリバーからは鮮度の良い車が出品されたため、オークションの成約率は高くなった。これによって、ガリバーの平均在庫日数は、伝統的中古車販売企業の平均2〜3カ月から7〜10日に短縮され、これが高い収益の源泉となった。[*11]

伝統的な中古車販売業は自前の展示場に車を置き、販売までの日数はかかるが、消費者に直接販売することによって、業者に転売するよりも、1台当たりでは高い利益を稼げる。ガリバーではこうした直販モデルにうまみがあることは知りながらも、あえてB to Cはやらずに、B to Bのビジネスモデルを確立したのである。

しかし、ガリバーのやせ我慢は長続きしなかった。2016年からはBtoCも併行して進めることになり、グループ内に2つのモデルを併存させることになった。伝統的モデルのうまみに、勝てなかったのかもしれない。

やらないと決めたことをやり始めると、ビジネスモデルは独自性を失い、他企業との競争の中に埋没する可能性が高い。売上ほしさにやらないと決めたことに手を出すと、せっかく築いてきたビジネスモデルを自ら崩す契機にもなり得る。

そのトレードオフをどう乗り越えるかが、強いビジネスモデルを維持していくための正念場と言えよう。

おわりに

ビジネスモデルの見えない部分にこそ、儲ける仕組みの源泉がある――これが本書のメッセージであった。

ビジネスモデルと名のつく書籍は日本でも数多く刊行されてきたが、初期に出版された書籍は、ビジネスモデルの定義や構成要素を示したものが多かった。その後は、「収入の上げ方」を類型化したものや、ビジネスモデルの構築方法を説明した書籍が数多く刊行された。

しかし、日本の大企業から画期的なビジネスモデルが構築できたという話は、あまり聞こえてこない。構成要素も構築方法も示されているのに、なぜ画期的なモデルが出てこないのだろうか。ここに本書の問題意識があった。

その答えを探し求めるうちに、「見える」ビジネスモデルの構築だけでは不十分であり、コスト構造と競争構造という「見えない」部分で、他社を寄せつけない持続的な仕組みが必要だということがわかってきた。これが本書のサブタイトルになったのである。

本書の執筆に際して、多くの企業に取材のご協力をいただいた。見えないビジネスモデルの解明は、筆者なりの仮説を持った上で、企業への取材なしにはできなかった。直接うかがった話から得られた数々の示唆のおかげで、本書が執筆できたと言っても過言ではない。中には公開されていない情報もあったり、時には話したくない内容についても質問させていただいたが、お忙しい中、快く取材を受けていただいた経営者、事業責任者の方々には、感謝の言葉もない。お一人ずつお名前を挙げられないが、本書が上梓できたのは、真にみなさまのおかげである。

またダイヤモンド社書籍編集局の木山政行さんには、構想段階から上梓まで、長い間お世話になった。ケースの多くは、ダイヤモンド・オンラインで先行して掲載してきたが、その取材に関しては、ダイヤモンド・オンライン編集部の小尾拓也さんにさまざまなご尽力をいただいた。

さらに原稿の執筆に関しては、データ検索から原稿整理まで、秋山直子さん、佐藤由里さん、牟田陽子さんにお骨折りいただいた。なお本書の一部は、科学研究費基盤研究（C）15K03689の助成を受けた。

本書が、ビジネスモデルの「改善」ではなく、ビジネスモデルの「構築」に悩む日本企業へのヒントになれば幸である。

2017年10月

山田　英夫

8　日本経済新聞　2017.6.17

9　TBSテレビ『がっちりマンデー！！』2017.8.6および朝日新聞　2017.8.22

10　一時スカイマークは、「客室乗務員は手荷物の収納の手伝いはしない」というポリシーを掲げ、議論を呼んだこともあったが、現在ではそれを撤回し、積極的に収納を手伝い、それは定時運航にも貢献している。

【４章】

1　ほかにも、コンパック、サウスウエスト航空も、ナプキンの絵から誕生したといわれている。ちなみに、ナプキンに絵を描けば素晴らしいビジネスモデルになるかというと、逆は真ではない。

2　Chesbrough, H. , W. Vanhayerbeke and J. West eds.(2006)“Open Innovation” Oxford University Press（PRTM監訳、長尾高弘訳（2008）『オープンイノベーション』英治出版）

3　日経産業新聞　2017.8.25

4　和田雅子・新藤晴臣（2017）「Peach Aviation」『一橋ビジネスレビュー』SPR. pp.158-174

5　山田英夫（2016）『異業種に学ぶビジネスモデル』日本経済新聞出版社

6　MITのカバロ准教授の10カ国対象の調査（2014〜16）によれば、日本はネットで買ったほうが安い商品が45%と最も多く、価格は平均でネットのほうが13%安かった。（日本経済新聞　2017.9.2）

7　日経産業新聞　2017.9.29

8　Casadesus-Masanel, R. and J. Tarzijan（2012）“When One Business Model isn't Enough”Harvard Business Review, Jan.-Feb. pp.132-137（高橋由香里訳（2014）「ラン航空：異質な収益モデルを共存させる」『DIAMONDハーバード・ビジネス・レビュー』Apr. pp.90-100）

9　小川紘一（2015）『オープン＆クローズ戦略　増補改訂版』翔泳社

10　内閣府規制改革会議投資促進等ワーキンググループ・キュービーネット株式会社提出資料　2015.2.20
http://www8.cao.go.jp/kisei-kaikaku/kaigi/meeting/2013/wg3/toushi/150220/item1-1-5.pdf

11　楠木建（2010）『ストーリーとしての競争戦略』東洋経済新報社

約を使えば使うほど、リロバケーションズが儲かる仕組みである。

7 日経産業新聞 2016.12.9

8 山田英夫（2015）『競争しない競争戦略』日本経済新聞出版社

9 「ヤフー不動産への情報配信停止の意味 FRKへの反発高まる」2015.10.27 https://zuuonline.com/archives/86908

10 売り手と買い手の間に情報の非対称性があるために、安価で品質の悪い商品（レモン）ばかりが出回り、良質の商品が流通しにくくなる現象を指す。レモンは皮が厚くて外から中の状態が見分けにくいことから、米国では俗語で、「質の悪い中古車」や「欠陥品」を意味している。

11 公益財団法人東日本不動産流通機構『REINS TOPIC－築年数から見た首都圏の不動産流通市場』によれば、平均平米単価は、築5年、10年で新築に比べてそれぞれ約5万円ずつ下落し、築10年から15年の5年間で約15万円下落している。

12 日本経済新聞 2017.8.26

13 「60歳で起業！前例を破って成功をおさめ業界をリードする先駆者の仕事術とは？」『日経ビジネスAssocié』2017.1

14 『日経トレンディ』2017.Aug.

15 「ライフネット生命は本当に生保業界の革命者になれるのか」 http://hoken-hyouban.com/lifenet-seimei1.php

【３章】

1 たとえば、今枝昌宏（2014）『ビジネスモデルの教科書』、平野敦士カール（2015）『ビジネスモデル』、ガスマンほか（2014）『ビジネスモデル・ナビゲーター』など

2 Drucker, P.F.（1964）“Managing for Results” Harper & Row（野田一夫・村上恒夫訳（1964）『創造する経営者』ダイヤモンド社、上田惇生訳（2007）『創造する経営者』ダイヤモンド社）

3 「「減らす・絞り込む」縮小市場で勝つ鉄則」『日経ビジネス』2017.6.19

4 ツタヤディスカスの事例は、早稲田大学山田英夫研究室+株式会社博報堂コンサルティング「ビジネスモデル研究会」の討議によっている。

5 Parker, G. G., M. W. V. Alstyne and S. P. Choudary,(2016) “Platform Revolution” W. W. Norton（(2018年予定）『プラットフォーム革命』ダイヤモンド社）

6 山田英夫（2014a）『逆転の競争戦略 第4版』生産性出版

7 『日経シェア調査 2013年版』日本経済新聞出版社

注　記

【はじめに】

1　「六次の隔たり」(Six Degrees of Separation) と呼ばれ、仮に各人が44人知り合いを持つとすると、A氏は6人の知り合いをたどることで、任意のB氏と知り合うことができる。米国の社会心理学者スタンレー・ミルグラムによって、1960年代に実験が行われた。Milgram, S. (1967)"The Small-Word Problem", Psychology Today, Vol 1, No.1., pp.61-67

【序章】

1　山田英夫 (2014a)『逆転の競争戦略』生産性出版

【2章】

1　融資業務としては、2010年からカードローンを始めている。

2　『日経ビジネス』2016.9.12

3　文部科学省『平成27年度・学校教育における教育の情報化の実態等に関する調査』

4　杉田浩章 (2017)『リクルートのすごい構"創"力』日本経済新聞出版社、池上重輔 (2017)「スタディ・サプリ」『早稲田大学ビジネススクール・ケース』

5　村沢義久 (1999)『株主価値経営で強い会社をつくる』かんき出版

6　似たようなポイント・システムを取り入れている会社に、ポイント制リゾートメンバーシップの株式会社リロバケーションズがある。会員になると会費に応じて年間一定のポイントがもらえ、それを希望するリゾート施設の予約に投じる。利用日や施設、部屋によって必要ポイント数は異なる。

　具体的には、入会金360万円で年会費約8万円を払うと、毎年200ポイントがもらえる (2017年夏現在)。この200ポイントを利用したい施設に投じ、たとえばゴールデンウィーク中のある日に箱根の定員4名の部屋を希望する場合は、1室につき28ポイント必要になる。

　予約は3カ月前からの先着順であり、人気の高い施設の場合、1.5倍のポイントを投入することによって5カ月前からの予約が可能になる。人気施設を多くの会員が先行予約すれば、保有ポイントの1.5倍を消化することになり、ポイントは早く消化される。その結果、ポイントはインフレになるが、リロバケーションズは1円も損していない。顧客にはオプションが増えるメリットがあり、顧客が1.5倍の予

・ 山田英夫（2008）『デファクト・スタンダードの競争戦略：第2版』白桃書房
・ 山田英夫（2014a）『逆転の競争戦略：第4 版』生産性出版
・ 山田英夫（2014b）『異業種に学ぶビジネスモデル』日本経済新聞出版社
・ 山田英夫（2015）『競争しない競争戦略』日本経済新聞出版社
・ Zott, C., R. Amit and L. Massa(2011)"The Business Model: Recent Developments and Future Research", Journal of Management,Vo.37,No.4. pp.1019-1042

・ Morris, M., M. Schindehutte and J. Allen (2005)"The Entrepreneur's Business Model: Toward a Unified Perspective", Journal of Business Research, No.58, pp.726-735
・ Mullins, J. and R. Komisar (2009) "Getting to Plan B:Breaking Through to a Better Model", Harvard Business Review Press（山形浩生訳（2011）『プランB 破壊的イノベーションの戦略』文藝春秋）
・ 西野和美（2015）『自走するビジネスモデル』日本経済新聞出版社
・ 小川紘一（2015）『オープン＆クローズ戦略　増補改訂版』翔泳社
・ Osterwalder,A. and Y. Pigneur,(2010) "Business Model Generation: A Handbook for Visionaries, Game Changers and Challengers", John Willey & Sons（小山龍介訳（2012）『ビジネスモデル・ジェネレーション』翔泳社）
・ Shenkar, O.（2010）"Copycats: How Smart Companies Use Imitation to Gain a Strategic Edge", Harvard Business School Publishing（井上達彦監訳・遠藤真美訳（2013）『コピーキャット』東洋経済新報社）
・ 柴田高（1993）「技術革新における誘引と排除の相互作用」『横浜市立大学大学院紀要　社会科学系列』第1巻、第1号. pp.1-25
・ Slywotzky, J.A. and D.J. Morrison,（1997）"The Profit Zone: How Strategic Business Design Will Lead You to Tomorrow's Profits" Time Books（恩蔵直人・石塚浩訳（1999）『プロフィット・ゾーン経営戦略』ダイヤモンド社）
・ Slywotzky, J.A.(2002)"The Art of Profitability" Warner Business（中川治子訳（2002）『ザ・プロフィット』ダイヤモンド社）
・ Stewart, D.W. and Q. Zhao,（2000）"Internet Marketing, Business Models and Public Policy", Journal of Public Policy and Marketing, No.19. pp.287-296
・ 高橋成男（2000）「ビジネス特許で世界が変わる」『情報処理』第41巻、第6号、pp.1-7
・ Teece, D.J.（2010）"Business Models, Business Strategy and Innovation", Long Range Planning,No.43, pp.172-194
・ Thompson, A.A. and A.J. Strickland (2003)"Strategic Management : Concepts and Cases" McGraw-Hill
・ 内田和成（2009）『異業種競争戦略』日本経済新聞出版社
・ 山田英夫（2000）「事業構造の変革：アンバンドリングからリ・バンドリングへ」『早稲田国際経営・システム科学研究』第31号、pp.19-28

大企業が解体されるとき」『ダイヤモンド・ハーバード・ビジネス』Apr.-May, pp.11-24）
・ 平野敦士カール（2015）『ビジネスモデル』、朝日新聞出版
・ 今枝昌宏（2014）『ビジネスモデルの教科書』東洋経済新報社
・ 井上達彦（2006）『収益エンジンの論理』白桃書房
・ 井上達彦（2012）『模倣の経営学』日経BP社
・ Johnson, M.W., C. M. Christensen and H. Kagermann, (2008) "Reinventing Your Business Model", Harvard Business Review, Dec., pp.51-59（関美和訳（2009）「ビジネスモデル・イノベーションの原則」『DIAMONDハーバード・ビジネス・レビュー』Apr. pp.40-56）
・ Johnson, M.W.（2010）"Seizing the White Space: Business Model Innovation for Growth and Renewal", Harvard Business Press,（池村千秋訳（2011）『ホワイトスペース戦略』CCCメディアハウス）
・ 加護野忠男（1999）『競争優位のシステム』PHP研究所
・ 加護野忠男・井上達彦（2004）『事業システム戦略』有斐閣
・ 梶川裕矢・松島克守（2007）「ビジネスモデルに関する研究動向の調査」『ビジネスモデル学会論文誌』第4号
・ 加登豊（1993）『原価企画』日本経済新聞社
・ 川上昌直（2011）『ビジネスモデルのグランドデザイン』中央経済社
・ 川上昌直（2013）『儲ける仕組みをつくるフレームワークの教科書』かんき出版
・ 企業研究会（2004）『アンバンドリングからリ・バンドリングへ』BRI創立55周年記念研究プロジェクト、企業研究会
・ Kim, W.C. and R. Manborgue(2015)"Blue Ocean Strategy : Expanded Edition", Harvard Business School Publishing（入山章栄監訳、有賀裕子訳（2015）『新版ブルー・オーシャン戦略』ダイヤモンド社）
・ 楠木建（2010）『ストーリーとしての競争戦略』東洋経済新報社
・ Magretta, J.(2002)"Why Business Models Matter", Harvard Business Review, May. pp.86-92（村井章子訳（2002）「ビジネスモデルの正しい定義」『DIAMONDハーバード・ビジネス・レビュー』Aug. pp.123-132）
・ 牧野和夫・シドニー・ハント・ウィークス・河村寛治（2000）『総解説　ビジネスモデル特許』日本経済新聞社
・ Markides, C.C.（2008）"Game Changing Strategies", John Wiley & Sons

参考文献

- Afuah, A. and C.L.Tucci (2001) "Internet Business Models and Strategies : Text and Cases", McGraw-Hill
- Afuah, A.(2004)"Business Models : A Strategic Management Approach", McGraw-Hill
- Casadesus-Masanell, R. and J. E. Ricart(2010)"How to Design a Winning Business Model", Harvard Business Review, Jan.-Feb. pp.100-107 (中島聡子訳(2011)「優れたビジネスモデルは好循環を生み出す」『DIAMONDハーバード・ビジネス・レビュー』Aug. pp.24-37)
- Casadesus-Masanell, R. and J. Tarzijan(2012) "When One Business Model isn't Enough"Harvard Business Review, Jan.-Feb. pp.132-137 (高橋由香里訳(2014)「ラン航空：異質な収益モデルを共存させる」『DIAMONDハーバード・ビジネス・レビュー』Apr, pp.90-100)
- Chesbrough, H. (2003) "Open Innovation" Harvard Business School Press (大前恵一朗訳 (2004)『Open Innovation』産業能率大学出版部)
- Chesbrough, H.(2006)"Open Business Models : How to Thrive in the New Innovation Landscape", Harvard Business School Press (栗原潔訳 (2007)『オープンビジネスモデル』翔泳社)
- Chesbrough, H. , W. Vanhayerbeke and J. West eds.(2006)"Open Innovation" Oxford University Press (PRTM監訳、長尾高弘訳 (2008)『オープンイノベーション』英治出版)
- Drucker, P.F. (1964) "Managing for Results" Harper & Row (野田一夫・村上恒夫訳 (1964)『創造する経営者』ダイヤモンド社、上田惇生訳 (2007)『創造する経営者』ダイヤモンド社)
- 藤川佳則・竹内弘高 (1994)「新製品の予想外の成功がもたらす競争優位」『マーケティング・ジャーナル』第14巻、第2号、pp.47-58
- Gassmann, O. , K. Frankenberger and M. Csik (2014) "The Business Model Navigator"Pearson Education (渡邉哲・森田寿訳 (2016)『ビジネスモデル・ナビゲーター』翔泳社)
- Hagel, III J. and M. Singer (1999) , "Unbundling the Corporation", Harvard Business Review, Mar. -Apr, pp.133-141 (中島由利訳 (2000)「アンバンドリング：

ま行

や行

ら行

た行

な行

は行

企業名索引

［著者］
山田英夫（やまだ・ひでお）
早稲田大学ビジネススクール教授。1955年東京都生まれ。慶應義塾大学大学院経営管理研究科（MBA）修了後、（株）三菱総合研究所入社。大企業のコンサルティングに従事。89年早大に移籍。専門は競争戦略、ビジネスモデル。学術博士(早大)。ふくおかフィナンシャルグループ、サントリー・ホールディングス社外監査役。著書に『デファクト・スタンダードの競争戦略：第２版』（白桃書房）、『逆転の競争戦略：第４版』（生産性出版）、『異業種に学ぶビジネスモデル』『競争しない競争戦略』『ビジネス版 悪魔の辞典』（日本経済新聞出版社）他、多数。

成功企業に潜む
ビジネスモデルのルール
――見えないところに競争力の秘密がある

2017年11月22日　第１刷発行

著　者――山田英夫
発行所――ダイヤモンド社
〒150-8409　東京都渋谷区神宮前6-12-17
http://www.diamond.co.jp/
電話／03･5778･7232（編集）　03･5778･7240（販売）
装丁――――小口翔平＋山之口正和（tobufune）
本文デザイン―うちきばがんた
DTP ―――インタラクティブ
編集協力――エノローグ
製作進行――ダイヤモンド・グラフィック社
印刷――――加藤文明社
製本――――加藤製本
編集担当――木山政行

ISBN 978-4-478-02574-1